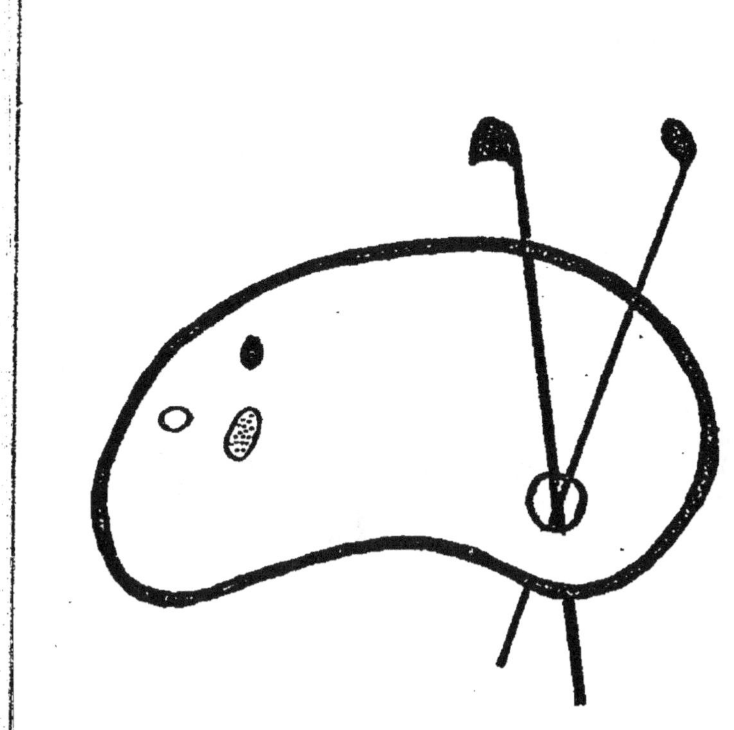

DEBUT D'UNE SERIE DE DOCUMENTS
EN COULEUR

QUESTIONS THÉOLOGIQUES

P. CHARLES

Le Dogme

BLOUD & Cie

S. et R. 578

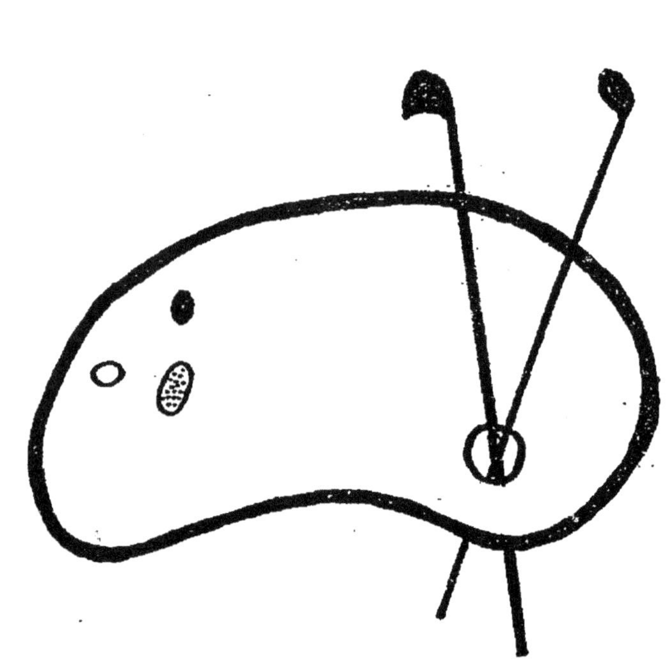

FIN D'UNE SÉRIE DE DOCUMENTS
EN COULEUR

LE DOGME

DANS LA MÊME COLLECTION

LE DOGME

PAR

P. CHARLES

PARIS

LIBRAIRIE BLOUD & Cie

7, PLACE SAINT-SULPICE, 7

1 ET 3, RUE FÉROU. — 6, RUE DU CANIVET

1911

LE DOGME

CHAPITRE PREMIER

Les sens des dogmes.

Jusqu'à ces derniers temps les théologiens ne songeaient même pas à discuter sur le sens des dogmes : la conception intellectualiste, c'est-à-dire celle qui reconnaît aux dogmes un sens théorique, positif et objectif, était, du moins parmi les catholiques, universellement reçue. La diffusion d'opinions hétérodoxes sur la nature de la vérité, l'évolution des dogmes et la connaissance de Dieu provoqua un courant en sens contraire. Si le dogme représentait directement la réalité divine elle-même, nous connaîtrions l'absolu, le dogme serait figé, immobilisé par l'immobilité de son objet et notre intelligence s'élèverait jusqu'à l'Infini. Or la connaissance de l'absolu, l'immutabilité du dogme, l'idée de Dieu et de ses attributs répugnent à ceux que Pie X appelle modernistes. A leurs yeux toute vérité est relative, le dogme évolue et se transforme sans cesse et l'intelligence humaine ne peut former ses concepts qu'avec du fini.

« Si l'on suppose, écrit Loisy (1), que la vérité, en tant qu'accessible à l'intelligence humaine, est quelque chose d'absolu, que la Révélation a eu ce caractère et que le dogme y participe, les assertions du petit livre

---

(1) *Autour d'un petit livre*, p. 190.

sont plus que téméraires, elles sont absurdes et impies.
Inutile de vous dire qu'elles sont en rapport avec une
autre idée de la vérité, de la Révélation, de l'immutabilité. » Aussi à l'intellectualisme préfère-t-il le symbolisme. « Vu la nature des choses, nulle conception accessible à l'homme ne pouvant représenter directement et
adéquatement la vérité en Dieu, nos idées sont nécessairement à l'égard de l'absolu des représentations analogues, des images et des symboles. De là vient que
certains individus, dont je suis, ont appliqué le nom de
symboles aux formules dogmatiques (1). » Le symbolisme est, en effet, la conséquence logique de la façon
dont Loisy, disciple trop fidèle des protestants libéraux,
conçoit la vérité et la Révélation. Quand sera venu le
moment de discuter l'évolution des dogmes, nous verrons
que cette conception n'est ni celle du bon sens, ni celle de
l'Eglise. Toute vérité est, de sa nature, absolue, immuable, éternelle ; et cet absolu, cette immutabilité, cette
éternité revêtent un caractère spécial lorsque la vérité
a pour objet l'Etre absolu, immuable et éternel par
excellence.

A la théorie du symbolisme certains modernistes
ajoutent celle du moralisme. Le moralisme a été exposé et
défendu pour la première fois dans la *Quinzaine*, avec
un talent digne d'une meilleure cause, par M. Le Roy,
professeur de mathématiques au lycée de Versailles,
penseur et écrivain justement apprécié, mais théologien encore novice. L'article qu'il publia sur ce sujet
parut le 15 avril 1905, sous ce titre : *Qu'est-ce qu'un
dogme* (2) ? Il y était affirmé, d'un ton tranchant, que
la philosophie contemporaine condamnait définitive-

---

(1) *Simples réflexions*, p. 160.
(2) M. Le Roy a réédité cet article dans *Dogme et Critique*, volume
de 383 pages, où il fait connaître toute sa pensée sur le sujet qui
nous occupe ici. C'est d'après cet ouvrage que nous allons exposer le
pragmatisme religieux de M. Le Roy. Parmi les contradicteurs
de M. Le Roy qu'on pourrait lire avec fruit, signalons Portalié
(*Études religieuses*, 1905, t. CIV, p. 145 et 318); Léonce de Grandmaison
(*Bulletin de littérature ecclésiastique*, 1905, p. 185 et 1906, p. 21),
Wehrlé (*Revue Biblique*, janvier 1906), Dubois (*Revue du Clergé français*
sept. 1905, t. XLIV, p. 47), Turinaz, (*Une très grave question doctrinale*, Roger et Chernoviz).

ment l'interprétation intellectualiste des dogmes et que seule l'interprétation morale devait avoir droit de cité en théologie. Malgré ses protestations réitérées, M. Le Roy ne se contentait pas de poser une question, il la résolvait et proposait sa solution non comme une hypothèse provisoire soumise à ses lecteurs, mais bien comme la solution nécessaire de tout philosophe qui sait penser.

Exposons avant de critiquer. « Un dogme a surtout un sens pratique, dit l'éminent écrivain. Il énonce avant tout une prescription d'ordre pratique. Il est plus que tout la formule d'une règle de conduite pratique. Là est sa principale valeur, là sa signification positive (1). » L'Eglise nous dit-elle : *Dieu est personnel;* traduisez : *comportez-vous dans vos relations avec Dieu comme dans vos relations avec une personne humaine* (2). On pourrait multiplier les exemples ; voici en regard quelques dogmes et leur traduction.

Dieu est notre père. — Soyez envers Dieu ce que doit être un fils envers son père (3).

Jésus-Christ est à la fois, par ses deux natures, Dieu et homme et ces deux natures sont liées par l'unité de personne. — Vis-à-vis de Jésus-Christ, dans vos pensées, vos paroles et vos actions, ayez l'attitude physique et morale que vous auriez par rapport à un homme et par rapport à Dieu et que cette attitude soit une, c'est-à-dire qu'on ne reconnaisse pas dans votre conduite deux groupes de démarches, les unes s'adressant à l'homme, les autres s'adressant à Dieu ; qu'elles s'adressent toutes indistinctement au Fils unique du Père (4).

Jésus-Christ est ressuscité. — Soyez par rapport à Jésus-Christ comme s'il était vivant (5).

Jésus-Christ est réellement présent sous les espèces eucharistiques. — Ayez en face de l'hostie consacrée

(1) *Dogme et Critique,* p. 25.
(2) *Id.,* p. 25
(3) *Id.,* p. 71.
(4) *Id.,* p. 267.
(5) *Id.,* p. 25 ; cf. p. 18, 83, 156.

une attitude identique à celle que vous auriez en face de Jésus devenu visible (1).

Le Pape est infaillible. — Soumettez-vous à la parole du Pape parlant *ex cathedra* comme vous vous soumettriez à un Concile œcuménique (2).

L'âme est immortelle. — Conduisez-vous en hommes dont la destinée ne finit pas avec le corps et qui seront un jour récompensés ou punis éternellement (3).

Le sens pragmatique implique une certaine connaissance de l'objet de notre foi. Le dogme affirme implicitement que la réalité contient de quoi justifier comme raisonnable et salutaire la conduite prescrite (4). Traduire le dogme : *Dieu est personnel* par ces mots : *Comportez-vous dans vos relations avec Dieu comme dans vos relations avec une personne humaine,* ou par ceux-ci : *Dieu est tel que votre attitude doit être envers lui ce qu'elle serait envers une personne humaine,* c'est tout un (5). De même le dogme de la présence réelle nous permet de dire : La vérité est telle en soi que nous devons avoir en face de l'hostie consacrée l'attitude que nous aurions devant Jésus visible (6).

Quelle est cette réalité ? Je l'ignore. Le dogme ne me l'apprend pas. Libre à moi d'adopter là-dessus la théorie qui me conviendra, pourvu que cette théorie sauvegarde la signification pratique du dogme. A ce point de vue le dogme nous dirige dans l'ordre spéculatif ; mais sa direction est toute négative, car il se contente de nous protéger contre les écarts possibles et de fermer « les voies où la réalité sous-jacente risquerait d'être altérée ou méconnue (7). » Les dogmes m'obligent à prendre parti non pour une philosophie, mais contre des philosophies. De ce que Dieu est personnel, je conclurai : Dieu n'est pas une simple loi, une catégorie for-

---

(1) *Dogme et Critique,* p. 258 ; cf. p. 18, 26, 84.
(2) *Id.,* p. 272.
(3) *Id.,* p. 84.
(4) *Id.,* p. 25.
(5) *Id.,* p. 82.
(6) *Id.,* p. 258.
(7) *Id.,* p. 278.

melle, un principe idéal, une entité abstraite, une force cosmique diffuse en tout. Je ne puis admettre le sens pragmatique qui ressort de la présence réelle de Jésus dans l'Eucharistie sans rejeter par le fait même le symbolisme de Luther. Est proscrite et rejetée toute formule théorique dont la traduction en langage de vie aboutirait à nous faire prendre une mauvaise attitude ou suivre une mauvaise conduite (1). Mais, tout en proscrivant les systèmes qui mutilent ou méconnaissent le fait dogmatique, l'Eglise se garde de promulguer une explication et d'imposer telle théorie ou telle représentation intellectuelle (2).

Pour soutenir son opinion M. Le Roy n'est à court ni de raisons, ni de textes. Lisez-le. Clément d'Alexandrie (3), saint Augustin (4), le pseudo-Denys (5), saint Thomas (6), Bossuet (7), Hurter (8) seraient, d'après lui, les précurseurs de son système : ils avoueraient que, spéculativement parlant, nos concepts de Dieu sont purement négatifs. Les canons des conciles, ajoute-t-il, ont une forme négative. « Les chapitres eux-mêmes sont issus d'une continuelle préoccupation négative, pour autant du moins qu'ils pénètrent sur le terrain des théories (9). » « J'attends avec tranquillité, continue M. Le Roy, qu'on me cite un cas où un concile aurait dit : Je condamne telle théorie et j'impose telle autre théorie. Partout et toujours je vois les conciles dire simplement : Je condamne telle théorie au nom de tel fait ; arrangez-vous comme vous voudrez pour établir une théorie meilleure. Ne dit-on pas tous les jours à ceux qui sont obsédés de tentations contre la foi : *Ne vous embarrassez pas dans toutes ces difficultés ; allez à Dieu bonnement, rondement, sans vous tourmenter la tête; continuez de*

(1) *Dogme et Critique*, p. 97.
(2) *Id.*, p. 19, 257, 314.
(3) *Stromates*, v, 11, 12. Je me contente de mettre les références que donne M. Le Roy, *op. cit.*, p. 311.
(4) In Ps. 26.
(5) M. Le Roy ne donne pas de référence pour le pseudo-Denys.
(6) *S. th.*, I, q. III.
(7) Sermon sur la mort.
(8) *Theologia Dogmatica*, 11ᵉ édition, t. II, p. 338.
(9) *Dogme et Critique*, p. 313.

pratiquer la religion et Dieu sera content de vous (1) ? »
« La plupart des catholiques vivent en fait un pragmatisme dont ils se rendent mal compte. Ainsi trouvent-ils
un chemin entre l'agnosticisme et l'anthropomorphisme. Il est très suggestif de les interroger à cet égard.
C'est invariablement à une interprétation pratique et
morale qu'ils ont recours quand on les presse un peu et
qu'on les met en demeure de définir le contenu de leur
foi (2). »

L'explication pragmatique des dogmes explique l'in-
tervention de l'autorité. « Le recours à l'autorité, totalement irrecevable dans l'ordre de la pensée pure,
semble *a priori* moins choquant dans celui de l'action,
parce que, si l'autorité a quelque part des droits légi-
times, c'est, à coup sûr, dans le domaine de la pratique (3). »

Elle permet de voir clairement comment il n'y a
qu'une foi pour tous. Le contenu du dogme « se rappor-
tant à la seule pratique, n'est pas relatif au degré
variable de l'intelligence et du savoir ; il demeure
exactement le même pour le savant et pour l'ignorant,
pour l'habile et pour l'humble, pour les âges de haute
culture et pour les races encore barbares ; bref il est
indépendant des états successifs que traverse la pensée
humaine dans son effort vers la connaissance (4). »

« L'intellectualisme religieux lie le dogme à des systèmes philosophiques douteux ou même dépassés depuis
longtemps. La doctrine du Verbe a dans son origine et
dans sa contexture des attaches étroites avec le néopla-
tonisme alexandrin... ; la théorie de la matière et de la
forme dans les sacrements ou celle des rapports entre
substance et accidents dans le dogme de la présence
réelle sont liées étroitement aux conceptions aristotéli-
ciennes et scolastiques (5) ». « Je me refuse à croire que,
de même qu'on ne peut aller au Père que par le Fils,

---

(1) *Dogme et Critique*, p. 25 ; cf. p. 311.
(2) *Id.*, p. 133.
(3) *Id.*, p. 27.
(4) *Id.*, p. 32.
(5) *Id.*, p. 10.

ainsi on ne puisse aller au Fils que par Aristote (1) ».

Le pragmatisme sauvegarde la liberté de la foi ; car la liberté relève de la vie et de l'action. Supposons-nous au contraire sur le terrain intellectualiste. « Ou bien on soutiendra... que les preuves apologétiques sont absolument certaines et rigoureuses : et alors que deviendra la liberté de l'acte de foi ? Ou bien, pour sauvegarder cette liberté, on les avouera insuffisantes et seulement plus ou moins probables : et alors la foi manquera de base ; car en somme une preuve insuffisante n'est pas une preuve acceptable, surtout en si grave et si difficile matière (2) ? »

L'adhésion de la foi n'est pas possible sans une certaine idée des mystères ; le chrétien ne croit pas des mots mais des choses. Or dans un système d'interprétation intellectualiste, à moins de tomber dans un grossier anthropomorphisme, la foi se résout dans un psittacisme purement verbal. Les Livres Saints, les Pères, les docteurs, les théologiens et les mystiques ne cessent de nous répéter que Dieu est un abîme où notre raison se perd. Ses voies sont impénétrables. Les perfections que nous lui attribuons diffèrent de ce qu'elles sont en nous. La question se pose donc : en quel sens les noms que nous donnons à Dieu ont-ils leur application ? Personne ne prétendra que ces formules *Dieu est bon, Dieu est juste, Dieu est puissant* soient de purs *flatus vocis,* des paroles inconvertibles en pensées. Le concept de ce qui est inconnaissable est un monstre logique.

Les mots *être, bon, juste, puissant* ne visent pas la causalité divine envisagée selon les diverses lignes d'effets ; s'il en était ainsi nous devrions, au même titre, appeler Dieu plante, espace, chaleur. D'ailleurs ce ne serait point là supprimer toute difficulté, car il resterait encore à expliquer en quel sens Dieu est cause.

Dieu est transcendant. Si haut que nous élevions les perfections créées, jamais nous n'atteindrons les perfections divines, par la raison bien simple que celles-

(1) *Dogme et Critique,* p. 70.
(2) *Id.,* p. 28.

ci diffèrent de celles-là par nature et non par degré.
On ne passe pas d'un ordre à un autre ordre en fran-
chissant des échelons. Entre la puissance finie et la
puissance infinie, nous croyons voir un caractère commun, limité dans le premier cas, illimité dans le second : c'est une illusion. Les limites sont essentielles
à nos concepts ; supprimez les limites, le concept s'éva-
nouit, il ne reste plus qu'un mot. Nous ne concevons
les attributs qu'en les distinguant les uns des autres ;
or, de fait, en Dieu, être infiniment simple, ils s'englo-
bent mutuellement. Ce que nous concevons n'est donc
pas ce qui est. A aucun point de vue Dieu n'est sur
le même plan que sa créature. Pas de genre, pas de
catégorie, pas de concept qui l'englobe lui et ce qui
n'est pas lui. Analysez vos concepts, brisez-les en mille
morceaux, émiettez-les, jamais vous n'arriverez à
un atome de concept que vous puissiez appliquer à la
créature et au Créateur.

Même quand nous disons *Dieu existe,* le verbe *exister*
n'a pas le même sens que dans cette phrase : *l'homme
existe.* Aussi saint Thomas a-t-il écrit : « Nihil dicitur
univoce de Deo et creaturis (1) ; » et, encore, parlant
des attributs que nous avons l'habitude d'appliquer au
nom de Dieu : « Possunt... hujusmodi nomina et affir-
mari de Deo et negari (2). »

S'il n'y a aucune ressemblance entre les perfections
créées et les perfections incréées, peut-on du moins
admettre une certaine analogie ? Pas davantage.
Qu'est-ce, en effet, que l'analogie, qu'elle s'appelle analogie d'attribution ou de proportion, sinon une ressemblance mêlée de différences ? Le pied d'un homme, le
pied d'une table et le pied d'une montagne ont ceci de
commun qu'ils constituent la partie inférieure d'un
être, dont ils sont en même temps le support ; les choses
saines sont ainsi appelées parce qu'elles ont toutes un
rapport avec la santé, dont elles sont le sujet, la cause
ou l'indice. Là donc où toute ressemblance est impossible l'analogie ne peut exister.

(1) *Summa theologica,* I. q. XIII, a. 5.
(2) *Summa contra Gentiles,* l. I, c. XXX.

Notre choix est par conséquent restreint : agnosticisme, anthropomorphisme ou pragmatisme ; et, comme nous ne voulons pas grossir les rangs des agnostiques ou des anthropomorphistes, nous voici acculés dans l'impasse du pragmatisme.

Cette conclusion apparaît plus clairement quand on entre dans le détail des dogmes. Prenons, par exemple, la résurrection de Jésus-Christ. L'Ecriture nous apprend qu'après sa résurrection le corps du Sauveur ne vivait pas de la même façon qu'avant sa mort. C'était un corps glorifié, c'est-à-dire un corps capable de se transporter en un instant d'un lieu à un autre lieu, même à travers des obstacles infranchissables pour d'autres, doué des privilèges d'impassibilité, d'immortalité, d'impondérabilité et d'agilité, perceptible et imperceptible à volonté, à l'abri des mille nécessités auxquelles sont assujettis les corps des simples mortels. Dans ces conditions que reste-t-il de ce qui constitue, à nos yeux, le concept de réalité matérielle et de vie corporelle ? « Que peut signifier, au sens physique du terme, la réalité d'un corps glorieux, c'est-à-dire un corps soustrait au système des relations dont l'entrecroisement définit la notion même de réalité physique (1) ? » « La réanimation du cadavre est indéfinissable, parce qu'en toute hypothèse les deux états successifs n'appartiennent pas au même ordre de réalité, sont incommensurables entre eux et que le second notamment échappe radicalement à l'expérience, par rapport à laquelle seule est concevable le premier (2). » La résurrection ne saurait donc être constatée ou définie du point de vue phénoménal.

Cela nous permettrait déjà d'affirmer qu'elle échappe à l'histoire ; mais nous sommes amenés à cette même solution par une autre voie.

« La certitude en histoire est essentiellement intersection de probabilités concourantes, convergence, conspiration, solidarité organique de conjectures groupées en faisceau et qui se consolident mutuellement. Dans ces conditions, il est clair que les appréciations de vrai-

(1) *Dogme et Critique,* p. 166.
(2) *Id.,* p. 166.

semblance jouent un rôle capital en histoire. A chaque
instant elles doivent intervenir pour trancher des alter-
natives, pour fixer des hésitations. Or elles sont liées
au caractère de plus ou moins facile intelligibilité que
présentent les hypothèses en cause. Toutes choses égales
d'ailleurs, une explication ordinaire est plus vraisemblable qu'une explication extraordinaire et doit être
préférée. Dès lors n'y a-t-il pas quelque subtile contradiction de méthode à conclure par l'affirmation d'un
prodige intrinsèquement invraisemblable une dialec-
tique dont le principe organisateur fût un critère de
vraisemblance ? Notamment au sujet de la résurrection,
ne voit-on pas la faiblesse de certaines réfutations pour
motif d'invraisemblance quand soi-même on donne
une explication plus invraisemblable que toutes les
autres (1) ? »

L'Ecriture n'est pas aux yeux de l'historien ce qu'elle
est aux yeux du croyant, la parole infaillible de Dieu.
L'historien ne peut la prendre comme base de son récit
qu'après s'être assuré de sa véracité et avoir déterminé
le sens des textes qu'il y puise. Or, considérée du point
de vue critique, la véracité des passages relatifs à la
résurrection est en fort mauvaise posture et leur interprétation ne favorise guère l'opinion commune qu'on se
fait de la résurrection. Quand on les lit, on a l'impres-
sion que leur rédaction est postérieure aux événements
et qu'elle est non le simple procès-verbal des faits bruts,
mais le témoignage d'une tradition élaborée par le peuple des croyants sous l'influence de la foi. Dans les
chapitres évangéliques où il est question de Jésus ressuscité on constate des retouches, des remaniements,
des interpolations. De plus, les divergences — l'incroyant dirait, plutôt *les contradictions* — abondent.
Les essais de concordance n'ont pas encore abouti.
Dans l'antiquité on n'avait pas, au pointoù nous l'avons,
le souci de l'exactitude historique ; la critique y était peu
défiante, peu expérimentée; l'allégorisme et le symbolisme y étaient en faveur. On se plaisait à exprimer

____

(1) *Dogme et Critique,* p. 194.

sous forme d'histoire un enseignement doctrinal. Les livres religieux n'étaient pas immuables ; ils ne cessaient de se faire. L'évolution de la doctrine entraînait des retouches, des apports, en sorte qu'on peut déterminer dans ces ouvrages diverses couches rédactionnelles superposées. De là les difficultés que présente l'emploi historique de l'Evangile. L'allégorisme du quatrième Evangile est très sensible. L'historien ne peut s'appuyer sur une œuvre de cette nature pour définir historiquement la résurrection. La finalé de saint Matthieu « n'est pas un texte primitif, un témoignage direct. Elle a dû subir des remaniements. On ne peut guère l'utiliser en histoire qu'à titre d'indication générale (1). » Dans saint Luc comme dans les autres évangélistes, nous trouvons des traces d'interpolation et une tendance très prononcée au symbolisme Johannique. Le troisième évangéliste est le représentant de la tradition hiérosolymitaine, opposée sur bien des points à la tradition galiléenne, représentée par saint Marc et saint Matthieu. Des raisons sérieuses portent à supposer que le texte authentique de saint Marc s'arrêtait au chapitre xvi, verset 8. La finale actuelle se serait glissée là sous l'influence de la tradition hiérosolymitaine.

« Les Livres Saints étant ce qui vient d'être dit, on voit quel peu de cas l'historien doit faire des arguments scripturaires sur lesquels on appuie le fait de la résurrection. Ces arguments se réduisent à quatre : les prophéties, la découverte du tombeau vide, les apparitions de Jésus et la foi des disciples en sa résurrection.

« Les prophéties évangéliques de la résurrection sont, en général trop imprécises ; quand elles sont claires, on est en droit de se demander si elles sont authentiques. En tout cas elles ne peuvent être saisies et discernées qu'à la lumière de leur accomplissement ; il y aurait donc cercle vicieux à s'en servir pour prouver la résurrection.

« La découverte du tombeau vide n'est pas une donnée historique indubitable et n'est pas nécessairement

____

(1) *Dogme et Critique* p. 203.

l'indice de la résurrection du Christ. Il est historiquement permis de croire que les Juifs, mécontents de la permission octroyée par Pilate à Joseph d'Arimathie, auraient enlevé le corps pour lui faire subir le sort que la loi et l'usage réservaient aux cadavres des suppliciés (1). » « L'objet correspondant aux visions n'est appréhendé par nous, si nous nous en tenons aux seules ressources de l'histoire, que sous les espèces de la perception qu'en ont eue les Apôtres. Ces espèces mêmes, à cause de l'élaboration des souvenirs, ne se laissent plus guère préciser. Quand nous saurions ce qu'elles furent au juste, il resterait toujours à dégager la pure donnée objective de la forme plus ou moins contingente et inadéquate dont les témoins la revêtirent pour la percevoir... La représentation des Apôtres fut nécessairement conditionnée par leur nature humaine, par leur degré de culture, par les conceptions habituelles de leur temps et de leur milieu... Un incroyant ne verra peut-être, sous ce jeu d'apparences, derrière ce travail de la conscience religieuse, rien autre chose qu'une entrée en contact avec je ne sais quelles forces inconscientes de l'humanité, rien autre chose que la manifestation de certaines lois qui régissent le monde subliminal (2)..»

La foi des Apôtres ne suppose pas forcément le fait de la Résurrection ; on croit souvent ce qui n'est pas.

« On alléguera encore la transformation merveilleuse des Apôtres, la propagation extraordinaire de la foi, la constance de cette foi jusqu'au martyre. En présence de ces faits l'historien avouera tout simplement qu'il ne trouve pas d'explication acceptable ; il ne se reconnaîtra pas le droit d'expliquer des mystères par un mystère plus grand encore ; s'il affirme le miracle de la Résurrection, ce ne sera pas au nom de l'histoire (3). »

Concluons : les preuves de la Résurrection ne relèvent pas de l'histoire. La Résurrection est objet de foi. Il serait donc faux de prétendre que l'histoire nous impose

(1) *Dogme et Critique*, p. 229.
(2) *Id.*, p. 229.
(3) *Id.*, p. 230.

l'obligation d'en donner une interprétation intellectualiste. Pour trouver un sens à cette phrase — *Jésus est ressuscité* — il faut l'envisager du point de vue pragmatique.

Le dogme de la présence réelle appelle les mêmes réflexions. « Un être est dit présent quand il est perceptible, ou bien quand, restant en lui-même insaisissable à la perception, il se manifeste par des effets perceptibles. Or, d'après le dogme lui-même, aucune des deux circonstances n'est réalisée dans le cas actuel. La présence en question est une présence mystérieuse, ineffable, singulière, sans analogie avec rien de ce que l'on entend d'habitude sous ce nom. Alors je demande : quelle idée c'est là pour nous ? Quelque chose qu'on ne peut ni analyser ni même définir ne saurait être dit *idée* que par un abus de mot. On veut que le dogme soit un énoncé d'ordre intellectuel. Qu'énonce-t-il ? Impossible de l'indiquer avec précision. Est-ce que cela ne condamne pas l'hypothèse (1) ? »

Arrêtons-nous là. Ces quelques pages, extraites presque en entier de *Dogme et Critique*, donnent une idée suffisante du pragmatisme religieux de M. Le Roy. Que vaut ce système ? C'est ce qui nous reste à examiner.

Relevons tout d'abord une lacune importante dans les 383 pages de M. Le Roy. Cet écrivain nous répète en maints passages dans quel sens il convient d'entendre les attributs divins; nulle part il ne nous apprend comment il faut interpréter le mot auquel il les rapporte sans cesse, le mot *Dieu*; c'était pourtant là un point capital. Faute de savoir au juste à quel concept correspond ce terme, les dogmes, même envisagés du point de vue de l'action, nous semblent vides de sens. Prenons comme exemple *Dieu est personnel*. M. Le Roy se contente de traduire le prédicat de cette phrase en la rendant comme il suit : Dieu est tel que vous devez vous comporter envers lui comme envers une personne humaine. Nous sommes en droit de lui demander : et le sujet, comment le traduisez-vous? Ou aucune idée ne

____

(1) *Dogme et Critique*, p. 19.

se cache sous le mot *Dieu* et, dans ce cas, la phrase est amputée de son sujet ; la copule n'a plus sa raison d'être ; il reste : vous devez vous comporter comme envers une personne humaine ; ou plutôt il ne reste rien du tout, car toute comparaison suppose deux termes et ici nous n'en n'avons qu'un ; nous voilà dans l'agnosticisme. Ou nous donnons un sens au mot *Dieu* et nous retombons dans l'intellectualisme. Nous ne pensons pas que M. Le Roy veuille recourir ici à une interprétation pragmatique ; car, étant donné que, spéculativement parlant, le mot Dieu n'est qu'un mot, il n'y pas de raison que ce mot nous rappelle l'obligation d'accomplir tel acte plutôt que tel autre. Que le prédicat *personnel* évoque des devoirs particuliers, cela se conçoit encore ; car nous savons ce qu'il signifie et les conséquences pratiques qu'il entraîne dans nos relations avec nos semblables ; mais de Dieu, dans la théorie de M. Le Roy, nous ne savons rien, absolument rien.

Au reste le mot Dieu pourrait-il se représenter par une attitude, on ne voit guère quel sens raisonnable prendrait la formule : *Dieu est tel que vous devez nous comporter envers lui comme envers une personne humaine.* Il serait souverainement ridicule de dire d'une attitude que nous devons la traiter comme nous traiterions un homme. Si nous substituions au sujet une expression du genre de celle-ci, *l'être qui est digne de nos adorations,* nous conserverions une idée spéculative, l'idée d'être. En vain chercherait-on à la supprimer en écrivant, par exemple, *celui qui.* Le mot seul différerait ; l'idée resterait la même. Il y aurait beaucoup à dire sur la formule ainsi modifiée ; mais comme M. Le Roy ne nous a pas découvert, et pour cause, quel sens pragmatique se cachait sous le mot *Dieu,* mieux vaut ne pas insister.

Quoi que nous fassions, il nous est absolument impossible de penser Dieu en fonction de l'action ; nous appliquerons toujours à Dieu l'idée d'être et même d'autres encore. Ainsi donc, que M. Le Roy choisisse : ou l'intellectualisme ou l'agnosticisme ; il n'y a pas de milieu. Le pragmatisme n'existe pas et ne peut exister ; ceux

qui se disent pragmatistes sont intellectualistes sans le
savoir.

L'intellectualisme, qu'ils croient éviter, nous le retrouvons sous l'énoncé même des dogmes tels qu'ils les
formulent ; nous le retrouvons surtout dans les conséquences théoriques de l'attitude que, d'après eux, les
dogmes nous imposent. Le dogme affirme — M. Le Roy
le reconnaît — que la réalité contient de quoi justifier la
conduite prescrite ; la conduite prescrite sera donc pour
nous une voie pour arriver à connaître au moins impar-
faitement cette réalité. M Le Roy a beau répéter qu'au
point de vue spéculatif le sens des dogmes a une portée purement négative, qu'il se contente de supprimer
des représentations théoriques sans en imposer ; parler
ainsi, c'est supposer que l'attitude exigée se concilie
toujours avec plusieurs représentations théoriques,
entre lesquels on est, par suite, libre de choisir. Or, c'est
là un postulat arbitraire et même erroné. Bien souvent
l'attitude précise la représentation. Ainsi ce précepte
*conformez votre croyance aux enseignements du Pape
comme si le Pape était infaillible* ne s'expliquerait pas
si le Pape pouvait se tromper. Si Jésus-Christ n'était pas
Dieu, l'Eglise nous dirait-elle : Jésus est tel en soi que
votre attitude à son égard doit être, sans restriction d'aucune sorte, l'attitude même que vous avez par rapport
à Dieu (1)? Nous dirait-elle encore : *ayez envers Marie
l'attitude que vous auriez envers une personne immaculée dès le premier moment de sa conception,* si Marie
avait été conçue avec le péché originel, ou, *ayez envers
l'Ecriture le respect que vous auriez envers la parole
de Dieu,* si l'Ecriture était la parole de l'homme ? Nous
n'avons pas à choisir ; il nous faut dire avec les intellectualistes, en donnant à ces mots le sens qu'ils ont
dans le langage courant : le Pape est infaillible, Notre-
Seigneur est Dieu, Marie est immaculée dès le premier
moment de sa Conception, l'Ecriture Sainte est inspi-
rée par Dieu. Le sens moral du dogme eucharistique
« ayez en face de l'hostie consacrée une attitude iden-

____

(1) *Dogme et Critique.* p. 265.

tique à celle que vous auriez en face de Jésus devenu
visible », ne serait pas suffisamment justifié, nous le
savons par la condamnation de Bérenger et de Calvin,
si l'hostie était un pur symbole et un simple mémorial
de Jésus ; nous devons donc croire que Jésus est réellement présent sous les espèces eucharistiques. Il serait
facile de multiplier les exemples à l'infini.

Cette connaissance des dogmes est théorique et positive, mais incomplète. Aussi les dogmes offriront-ils
toujours ample matière aux investigations des théologiens. A côté de la question résolue par l'Eglise, mille
autres questions surgissent, que le catholique est libre
de résoudre à son gré par l'affirmative ou la négative.
Là commence, à proprement parler, le domaine des
théories, des systèmes et des hypothèses. Il répugne à
M. Le Roy que l'Eglise impose comme vérités des
propositions d'ordre philosophique. C'est pourtant nécessaire quand ces propositions sont en même temps
d'ordre religieux ; Pie IX l'a déclaré dans sa lettre
Gravissimas à l'archevêque de Fribourg et dans le
Syllabus (1) et le concile du Vatican a jugé bon de le
rappeler dans un de ses chapitres (2). Tant pis pour les
philosophes qui sont atteints par les décisions de l'Eglise ;
s'ils sont catholiques, ils n'ont qu'un parti à prendre : se
soumettre humblement.

La soumission sera d'autant plus facile aux pragmatistes, condamnés par le décret *Lamentabili*, que, s'ils
veulent se donner la peine de réfléchir, ils remarqueront
aisément les défauts de leur système, même au point de
vue purement rationnel. L'un de ces défauts, et non le
moindre, est l'impossibilité de fixer une attitude qui
réponde à l'énoncé des dogmes et ne réponde pas à des
énoncés différents rejetés par l'Eglise. En quoi mon
attitude vis-à-vis de Marie serait-elle changée, si je
croyais qu'elle a été immaculée au second moment de
sa conception et non au premier ? Au moyen âge et
plus tard on trouvait de fidèles serviteurs de Marie
parmi ceux qui combattaient la croyance à l'Imma-

(1) Propositions X, XI et XIV.
(2) Sessio III, cap. IV.

culée Conception ; à leur attitude il eût été impossible de les distinguer des défenseurs de ce dogme.

Supposons qu'entraînés par les prédications d'un nouveau Luther, des fidèles en grand nombre se rangent sous l'étendard de l'hérésie. Pour eux l'auteur du quatrième Evangile a exposé le dogme non en faisant de l'histoire, mais en imaginant des symboles ; l'ère de la Révélation s'est prolongée un peu au delà de l'ère apostolique ; l'Eglise a, sous l'inspiration de son divin fondateur, toujours vivant en elle, institué les sacrements ; le sang de Notre-Seigneur est, aussi bien que sa chair, *vi verborum*, sous les espèces du pain ; le Saint-Esprit remonte à Dieu le Père comme à son principe, non à Dieu le Fils ; en s'incarnant, Dieu le Fils s'est uni non seulement à la nature de l'homme, mais encore à une personne humaine. Je le demande : en quoi l'attitude des hérétiques qui penseraient ainsi différerait-elle de l'attitude des catholiques, si sur les autres points leurs croyances étaient identiques ?

A M. Franon qui lui avait demandé (1) : « Pourquoi la christologie nestorienne ne serait-elle pas recevable au même titre que la christologie définie à Ephèse et à Chalcédoine ? » M. Le Roy répond : « parce que, ainsi que toutes les autres christologies hétérodoxes, elle ruine l'idée de médiation. Mais l'idée de médiation n'a-t-elle pas avant tout un sens pratique et moral (2) ? »

M. Le Roy aurait mieux fait de nous dire quel est le sens pratique et moral inclu dans l'idée de médiation ; nous aurions ainsi mieux vu si la christologie nestorienne respecte ou détruit ce sens. Dans la christologie catholique, Jésus-Christ tire son titre de médiateur de ce qu'il s'est interposé entre le Créateur et la créature, unissant dans l'unité d'une même personne la nature divine et la nature humaine, afin de satisfaire pour l'homme et de donner à sa satisfaction un prix infini, pour réparer complètement l'offense,

<hr>

(1) *Bulletin de littérature ecclésiastique*, juin 1905.
(2) LE ROY, *op. cit.*, p. 265, note 1.

infinie, elle aussi. C'est le sens que donnent les théologiens à l'idée de médiation, sens d'ordre spéculatif et non d'ordre pratique. Que maintenant de l'idée théorique de médiation dérivent, vis-à-vis de Jésus-Christ, certains devoirs d'amour, de confiance et de reconnaissance, fort bien ; mais ces devoirs dériveraient aussi bien de la christologie nestorienne, puisque cette christologie n'est pas incompatible avec l'idée d'un Christ intercesseur et rédempteur, Dieu et homme tout ensemble, quoique un d'une unité moins parfaite que dans le dogme catholique.

C'est encore au nom de la médiation rédemptrice que M. Le Roy condamne le Sabellianisme. Si les Sabelliens étaient dans le vrai, nous dit-il, la médiation rédemptrice serait « une sorte de comédie jouée par Dieu (2) ». Voilà qui est bien vite jugé. J'avoue ne pas comprendre comment, si Dieu était un en nature et en personne et si Dieu se faisait homme pour sauver l'homme déchu, il y aurait là une comédie. M. Le Roy a pour combattre les hérétiques des arguments bien simples auxquels les théologiens n'ont jamais songé.

Il dit ailleurs, pour expliquer la valeur pratique du mystère de la Trinité : « Le dogme trinitaire n'est-il pas lié, en effet, à toute l'économie du salut et de la grâce ? N'en forme-t-il pas la clef de voûte (3) » ? C'est excessif. La doctrine de la grâce est tellement indépendante du dogme trinitaire que, si les sabelliens étaient dans le vrai, les théologiens n'auraient à retoucher aucune des thèses du traité de la grâce ; seulement, au lieu d'avoir en vue, quand ils parlent du Saint-Esprit, une personne divine distincte, ils appliqueraient ce mot à Dieu, considéré comme se manifestant à nous par son amour et ses bienfaits. Que l'on puisse, en approfondissant le dogme trinitaire, « nous faire sentir de quelle valeur d'amour, par conséquent de quelle valeur motrice est ce dogme », rien de plus incontestable. N'empêche que si, par impossible, Dieu était un en personne et

<hr>

(1) Le Roy, *op. cit.*, p. 269, note 1.
(2) *Id.*, p. 268.

en nature, on pourrait aisément faire d'autres considérations, qui auraient, elles aussi, leur valeur d'amour et leur valeur motrice. Ce travail d'esprit et de cœur n'embarrasserait guère M. Le Roy, s'il était sabellien ; il trouverait alors bien des raisons pragmatiques contre la Trinité. Nous l'entendrions dire, par exemple : « Si vous admettez trois personnes en Dieu, voilà votre vie religieuse scindée en trois morceaux. » C'est un argument analogue qu'il nous donne en faveur de la procession *ab utroque*. « Si le Saint-Esprit, dit-il, ne procède pas du Père et du Fils comme d'un seul et même principe, nous ne pouvons plus nous conduire comme trouvant en Jésus la plénitude de Dieu et voilà notre vie religieuse scindée en deux morceaux (1). » On ne se serait pas attendu à cette raison. M. Le Roy veut dire, sans doute, que la seconde personne de la Trinité ne serait pas Dieu si la troisième n'en procédait pas. Si telle est sa pensée, il aurait dû, ce semble, nous donner ses motifs. Dieu le Fils procède de Dieu le Père et non du Saint-Esprit, ce qui n'empêche pas le Saint-Esprit d'être Dieu, comme le Père.

En mettant en avant ce principe « est permise toute théorie qui sauvegarde l'attitude imposée par le dogme », le pragmatisme religieux autorise des hérésies rejetées par l'Eglise. Système équivoque et mal défini, il aboutit, suivant le point de vue auquel on se place, à l'agnosticisme ou à l'intellectualisme. Il est philosophiquement et théologiquement faux. L'Eglise ne connaît et n'a jamais connu que l'intellectualisme, si bien exposé par M. Le Roy, en ces quelques lignes : « Ce qu'un dogme nous impose, c'est d'abord une représentation pure ; de cette représentation découlent ensuite, il est vrai, des conséquences pratiques et morales, qui par contre-coup deviennent à leur tour obligatoires d'une obligation dérivée ; mais le premier devoir reste celui d'adhérer intellectuellement à une certaine thèse théorique et spéculative (2). »

(1) *Dogme et Critique*, p. 269.
(2) *Id.*, p. 51.

Que l'Eglise ait de tous temps ainsi entendu le dogme, c'est ce dont personne n'avait douté avant M. Le Roy. Parcourez les livres saints et les Pères, lisez les symboles, les encycliques des Papes, les ouvrages des théologiens, ceux de spiritualité ou d'histoire, les actes des Conciles, les commentateurs de l'Ecriture Sainte, les livres liturgiques, les catéchismes, partout vous entendrez le même enseignement. Le sens obvie et direct des textes est nettement intellectualiste. Lisez, par exemple, ce que le Concile de Trente dit du péché originel : Adam a transgressé le commandement divin au Paradis terrestre ; pour le punir Dieu l'a frappé dans son corps et dans son âme ; il lui a retiré la grâce sanctifiante et plusieurs autres privilèges dont il l'avait libéralement doté, en particulier celui de l'immortalité ; et cette punition, il l'a étendue à ses descendants. A ces maux Jésus-Christ a apporté un remède : ses propres mérites, qui nous sont appliqués par le baptême. Toutefois une créature, ajoute Pie IX, a été exempte du péché originel dès le premier moment de sa conception ; c'est Marie, Mère de Dieu.

Rien de plus net que ce langage. Il n'exprime pas ce que nous devons faire, mais uniquement ce qui a été et ce qui est ; il n'y est pas question de conduite à tenir mais de vérités spéculatives à croire. Et c'est partout ainsi, même quand l'Eglise a tout intérêt à être claire et explicite, à dire franchement sa pensée et toute sa pensée, comme dans les professions de foi, les catéchismes et les explications doctrinales données par les conciles en vue de mettre les fidèles en garde contre l'erreur.

C'est pour nous signifier qu'il faut entendre leurs expressions dans le sens propre et direct que l'Ecriture Sainte, les conciles et les Papes emploient les mots *vrai, réel* ou d'autres analogues.

Saint Jean nous dit de Jésus-Christ qu'il est le vrai Fils de Dieu (1), le Concile de Trente de la sainte messe que c'est un vrai sacrifice et de la présence de Jésus-

(1) I Joan., v, 20.

Christ sous les espèces eucharistiques que c'est une présence vraie, réelle et substantielle (1). En parlant ainsi l'Eglise se jouerait des fidèles si ces mots *fils*, *sacrifice* et *présence* n'avaient aucun sens pour eux ou s'ils n'avaient que le sens détourné suggéré par les pragmatistes. Elle nous apprend que le dogme de la Résurrection vise un fait historique (2), qu'entre le Christ de la foi et celui de l'histoire il n'y a aucune différence (3), qu'il faut interpréter historiquement l'Evangile de saint Jean (4) et le récit de l'institution de l'Eucharistie par saint Paul (5). Pour bien marquer que la croyance aux dogmes a pour objet des points d'histoire, l'Eglise note jusque dans ses symboles, les circonstances de temps ou autres des faits qu'elle présente à notre foi. Pourquoi nous dirait-elle de Jésus-Christ « il ressuscita le troisième jour » ou « il ressuscita sous Ponce Pilate », s'il fallait interpréter le Credo en langage pragmatique ?

L'Eglise a toujours considéré le sens pratique comme la conséquence du sens spéculatif des dogmes et non comme constituant ce sens lui-même. Ainsi le Concile de Trente ne nous parle du culte dû à l'Eucharistie qu'après avoir exposé ce qu'est cet auguste Sacrement (6).

Ce n'est pas seulement dans l'exposé et les preuves de ses dogmes que l'Eglise se montre intellectualiste ; son intellectualisme apparaît encore dans la manière dont

---

(1) Session XIII, ch. i et iii et can. 1.

(2) Dans son décret *Lamentabili*, le Saint Office a condamné les deux propositions suivantes : « XXXVI. Resurrectio Salvatoris non est proprie factum ordinis historici, sed factum ordinis mere supernaturalis, nec demonstratum nec demonstrabile, quod conscientia christiana sensim ex aliis derivavit. »

« XXXVII. Fides in resurrectionem Christi ab initio fuit non tam de facto ipso resurrectionis, quam de vita Christi immortali apud Deum. »

(3) « XXIX. Concedere licet Christum quem exhibet historia multo inferiorem esse Christo qui est objectum fidei. »

(4) « XVI. Narrationes Joannis non sunt proprie historia, sed mystica Evangelii contemplatio ; sermones in ejus evangelio contenti sunt meditationes theologicæ circa mysterium salutis historica veritate destitutæ. »

(5) « XLV. Non omnia quæ narrat Paulus de institutione Eucharistiæ (I *Cor.*, xi, 23-25) historice sunt sumenda. »

(6) Session XIII, chap. v.

elle résout les objections opposées aux dogmes. Pour
amener à elle les libres penseurs et les hérétiques elle
n'aurait qu'un mot à prononcer : celui que M. Le Roy
lui suggère ; et ce mot, qui contient pourtant la véritable interprétation des dogmes, au dire des pragmatistes, elle le refuse. Quand a-t-elle dit à ses contradicteurs : il vous répugne de croire que Jésus-Christ est
sorti du tombeau ; mais je ne vous impose nullement
cette croyance , comportez-vous comme si Jésus-Christ
était vivant; cela me suffit? Quand a-t-elle dit à ceux qui
jugeaient impossible la présence réelle et simultanée du
corps du Sauveur dans mille lieux du monde sous la
frêle enveloppe de l'hostie : contentez-vous d'agir
comme si le Sauveur était présent sous les espèces
eucharistiques ; je n'exige pas davantage ?

L'Eglise se refuse obstinément à tenir ce langage ; et
c'est, bien entendu, parce qu'il dénature la vérité. Si
elle préfère emprunter ses expressions aux intellectualistes et, en parlant comme eux, tenir à l'écart les
hommes de bonne volonté que rebute la conception
classique des dogmes, c'est qu'à ses yeux l'intellectualisme donne seul la véritable interprétation des vérités
révélées.

Après avoir développé les quatre objections qui,
d'après lui, ruinent la thèse intellectualiste, M. Le Roy
ajoute : « Ces motifs, il faut le reconnaître, sont parfaitement valables. Je ne vois aucune manière de réfuter
l'argumentation précédente. Les principes qu'elle
invoque ne me paraissent pas pouvoir être contestés,
non plus que les déductions qu'elle en tire. En fait, je
ne vois pas qu'on lui ait jamais répondu autrement que
par des subtilités sans valeur ou par des artifices de
rhétorique. Mais l'éloquence n'est pas une preuve ni la
diplomatie. Notre seule vraie ressource est donc d'établir
que la notion de dogme condamnée et réprouvée par la
pensée moderne n'est pas la notion catholique du
dogme (1). » « Quand on examine, dit-il plus loin (2),
la conception du dogme que supposent et impliquent les

<hr>

(1) *Dogme et Critique,* p. 13.
(2) *Id.,* p. 15.

quatre objections énumérées plus haut, on trouve avec surprise qu'elle est commune à la plupart des catholiques et de leurs adversaires. C'est une conception nettement intellectualiste. » Et M. Le Roy conclut ainsi son article : « Deux résultats principaux me paraissent avoir été obtenus par la discussion précédente :

« 1º La conception intellectualiste courante aujourd'hui rend insolubles la plupart des objections que soulève l'idée de dogme.

« 2º Une doctrine du primat de l'action permet au contraire de résoudre le problème sans rien abandonner ni des droits de la pensée ni des exigences du dogme (1). »

On a vu plus haut que la doctrine du primat de l'action ne résolvait rien du tout. A nous maintenant de poser à M. Le Roy, en nous plaçant sur son propre terrain, des problèmes autrement insolubles que les siens. Comment se fait-il que l'Eglise ait si bien caché le vrai sens de ses dogmes, elle qui avait tout intérêt à découvrir la vérité à ses enfants et à ses adversaires dans ses symboles et ses définitions, qu'aujourd'hui tous les théologiens, les fidèles, sauf M. Le Roy et quelques disciples, les hérétiques et les libres penseurs s'y trompent et traduisent en termes de spéculation des doctrines concevables seulement en vue de l'action ? Comment se fait-il que l'Eglise voie d'un œil tranquille l'intellectualisme, ce système funeste qui retient tant de belles intelligences dans la libre pensée et défigure totalement le dogme, régner en maître parmi les catholiques ?

On sait quelle religieuse vénération avaient les Pères du Concile de Florence pour l'Ange de l'école ; ils goûtaient tellement la doctrine de saint Thomas qu'ils ont copié jusqu'à ses expressions (2). Beaucoup ont laissé des écrits théologiques tout imprégnés de la doctrine scolastique. Le Concile de Trente était, lui aussi, une assemblée de scolastiques pleins d'admiration pour la doctrine du docteur angélique, dont ils ont plus d'une

______

(1) *Dogme et Critique*, p. 34.
(2) Nous entendons parler du décret aux Arméniens.

fois consulté les écrits avant d'émettre leurs décisions. Est-il vraisemblable que ces zélés défenseurs du dogme aient fait tant d'honneur à un homme dont les idées légitimaient toutes les hérésies ? M. Le Roy ne recule pas devant ces invraisemblances. « Les hommes d'aujourd'hui, dit-il, sont dans leur droit en ne consentant pas à s'en tenir au point de vue du xiiie siècle (1) ». Et ailleurs : « Passons aux Conciles, et spécialement — pour abréger — à celui du Vatican. Rien à dire des canons : leur forme négative est trop évidente. Mais les chapitres eux-mêmes — que d'ailleurs il faut prendre comme écrits en langage de connaissance pratique, vulgaire, non dans le langage d'aucune théorie philosophique particulière — les chapitres eux-mêmes sont issus d'une continuelle préoccupation négative, pour autant du moins qu'ils pénètrent sur le terrain des théories (2). »

On croit rêver quand on lit de pareilles assertions. La forme des canons est négative, c'est vrai ; mais non la pensée qu'elle recouvre. En disant : « Napoléon a été couronné empereur des Français », j'affirme ; n'est-ce pas affirmer également que dire : « si vous niez que Napoléon ait été couronné empereur des Français, vous vous trompez » ? Les canons affirment de même malgré leur forme négative. Quant aux chapitres, il suffit d'avoir des yeux pour voir que les conciles affirment des vérités dans l'ordre de la spéculation. Si M. Le Roy avait quelque doute sur le sens que Rome attachait aux dogmes, la mise à l'Index de son livre et la condamnation du pragmatisme par le Saint Office (3) ont dû achever de l'éclairer.

Les arguments que M. Le Roy oppose aux intellectualistes pourraient tous se retourner contre lui. Il reproche à ces derniers de ne pas mettre leurs actes d'accord avec leurs paroles quand ils permettent de donner

---

(1) *Dogme et Critique,* p. 4.
(2) *Id.,* p. 313.
(3) Décret *Lamentabili.* « XXVI. Dogmata fidei retinenda sunt tantummodo juxta sensum practicum, id est tanquam norma præceptiva agendi, non vero tanquam norma credendi. »

à ceux qui sont envahis par le doute le conseil suivant :
« Ne vous tourmentez pas ; pratiquez la religion et Dieu
sera content. » S'il fallait prendre ces paroles au pied de
la lettre, ce serait reconnaître que la foi n'est pas affaire
de croyance, mais de pratique. Or M. Le Roy ne va
pas jusque-là : il ne substitue pas la pratique à la
croyance, mais une croyance à une autre croyance. On
disait avant lui : Jésus-Christ est vraiment et réellement Dieu ; il remplace cette formule par la suivante :
Jésus-Christ est tel que je dois me comporter envers
lui comme s'il était Dieu. M. Le Roy prétend que
l'Eglise a le droit de m'imposer cette dernière proposition
et qu'elle ne peut me demander de croire à la première.
Pourquoi ? Dans le second cas comme dans le premier,
il y a soumission de l'intelligence à une autorité extérieure. Il assure que la proposition pragmatiste n'est
pas, comme la proposition intellectualiste, relative au
degré variable de l'intelligence et du savoir, mais
qu'elle est également accessible à tous, au savant et à
l'ignorant, à l'habile et à l'humble, à l'homme mûr et
à l'enfant. Vraiment il faut avoir bonne volonté pour
admettre que l'ignorant, l'humble, l'enfant sont à
même de se démontrer que nous devons nous comporter
envers Jésus-Christ comme envers Dieu lui-même !

M. Le Roy ajoute que l'intellectualisme n'est pas
compatible avec la liberté de l'acte de foi et il en donne
cette raison. « Ou bien on soutiendra... que les preuves
apologétiques sont absolument certaines et rigoureuses :
et alors que deviendra la liberté de l'acte de foi ? Ou
bien pour sauvegarder cette liberté on les avouera
insuffisantes et seulement plus ou moins probables : et
alors la foi manquera de base, car, en somme, une
preuve insuffisante n'est pas une preuve acceptable,
surtout en si grave et si difficile matière. » Après les
mots *preuves apologétiques*, ajoutez *pour démontrer
que nous devons nous comporter envers Jésus-Christ
comme s'il était Dieu* et l'argument se retourne contre
le pragmatisme.

Les intellectualistes, dit-on encore, lient le dogme à
des systèmes philosophiques. Admettons que cela soit.

Les pragmatistes ne lient-ils pas, eux aussi, l'interprétation du dogme à un système philosophique, le pragmatisme ?

Reste le reproche d'agnosticisme : inutile de nous y arrêter, nous avons vu plus haut que les pragmatistes n'évitent pas cet écueil.

Ainsi donc, si les objections de M. Le Roy avaient la force qu'il leur suppose, intellectualisme et pragmatisme tomberaient sous les mêmes coups, et la libre pensée triomphante aurait raison de s'écrier : « le dogme est mort, le dogme n'est plus. » Mais il s'en faut que les difficultés opposées aux intellectualistes soient insolubles. On trouvera dans les réflexions qui suivent de quoi les résoudre aisément.

Dans la bouche des intellectualistes ces mots « ne vous tourmentez pas, soyez fidèle à vos devoirs religieux et Dieu sera content de vous » ne signifient pas « dans la religion la pratique est tout, la croyance est accessoire », mais bien « si en ce moment Dieu vous refuse ses lumières c'est pour mettre à l'épreuve votre bonne volonté ; montrez-lui par votre conduite que vous voulez continuer de lui appartenir quand il vous ouvrira les yeux. »

Le témoignage est un motif suffisant de croire quand il est entouré de toutes les garanties désirables de véracité ; aussi est-il raisonnable que, même dans le domaine de l'idée pure, des catholiques, convaincus de l'infaillibilité de l'Église, s'inclinent devant sa parole.

La foi est une croyance et non une science. Le plus ou moins d'intensité de la croyance ne dépend pas d'une connaissance plus ou moins profonde, plus ou moins étendue, plus ou moins distincte. La croyance se passe même en bien des cas de motifs ; souvent elle existe parce que la science fait défaut. C'est donc une erreur psychologique de prétendre que la croyance est proportionnée à la culture ou à la pénétration de l'intelligence. Combien de fois n'avons-nous pas constaté que les plus ignorants sont les plus croyants ! Pour être en règle avec les exigences de la foi il n'est pas requis de connaître explicitement tous les dogmes ; une connaissance

implicite suffit. Les vieilles femmes qui ont tout juste
appris autrefois leur catéchisme et se sont contentées,
depuis, d'écouter leur curé, ont la foi, bien qu'elles
ignorent la plupart des décisions doctrinales prises par
les Conciles ou même interprètent mal un bon nombre
de celles qu'on leur a expliquées ; elles adhèrent en bloc
à toutes les vérités que l'Église enseigne, dans le sens
où l'Église les enseigne ; et Dieu ne demande rien de
plus.

Les psychologues ont établi qu'il y a le plus souvent
une certaine dose de liberté dans les causes qui prépa-
rent la croyance. Mais passons là-dessus. La foi est plus
qu'une simple croyance ; elle est une croyance surnaturelle, c'est-à-dire une croyance informée par la grâce
de Dieu. Or si les motifs amènent nécessairement la
conviction dans l'esprit, ils ne peuvent y introduire la
grâce divine. Cette grâce, Dieu ne l'accorde à ceux qui
se convertissent que lorsqu'à la conviction s'ajoute le
désir de bien faire.

Le dogme n'est lié à aucune théorie ou à aucun
système philosophique, si on entend par là des hypothèses ou un corps organisé d'idées propres à une école ;
il suppose cependant certaines vérités d'ordre naturel,
qu'il appartient au philosophe de démontrer, par exemple l'objectivité de la connaissance, l'existence de Dieu,
la spiritualité de l'âme et la liberté de l'homme. Aussi
l'Église se reconnaît-elle le droit de frapper les philosophes s'ils tirent des conclusions inconciliables avec
les vérités de foi. Ce serait toutefois une erreur de croire
qu'elle canonise une doctrine philosophique par le seul
fait qu'elle fait siens les termes dont on s'est servi
pour l'exposer. Ainsi elle a pu appeler *matière* la chose
ou l'action sensible que l'Église requiert pour la
validité des sacrements et *forme* les paroles ou les
signes qui déterminent le sens de la matière, sans pour
cela nous imposer l'enseignement d'Aristote sur la
matière et la forme de corps.

Arrivons à la question capitale : les dogmes, tels que
les entend l'Église, ont-ils un sens pour nous ? Envisagés de ce point de vue, les dogmes se classent en deux

catégories : ceux qui contiennent et ceux qui ne contiennent pas l'idée de Dieu. Nous comprenons fort bien et sans aucune peine ce que signifient ces derniers : le Pape est infaillible, les Conciles ne sont pas supérieurs au Pape, nous ressusciterons tous après notre mort et, suivant que nous aurons été bons ou méchants, nous serons récompensés ou punis éternellement, etc. Affirmer la résurrection de Jésus-Christ c'est affirmer que le corps de Jésus-Christ est sorti du tombeau vivant, que ses yeux ont recommencé à voir, ses oreilles à entendre, ses membres à se mouvoir. Peu importe que ce même corps ait acquis de nouvelles qualités, qu'il soit devenu léger, subtil et immortel ; cela ne l'empêche pas d'avoir recouvré la vie qu'il avait perdue ; et en cela consiste la Résurrection. Les mêmes réflexions seraient à faire à propos de la présence de Jésus-Christ sous l'hostie. Je n'ai pas à me préoccuper de ce que le corps du Sauveur ne tombe pas sous les sens ou de ce qu'il occupe un espace circulaire très restreint : la présence ne consiste ni dans la visibilité, ni dans les dimensions, ni dans la forme du corps. Est présent dans un lieu quiconque occupe ce lieu et Jésus-Christ occupe réellement la place de l'hostie, d'où il voit et entend ses adorateurs. Il a pour se cacher des moyens plus parfaits que les nôtres. Croyons à sa puissance et respectons ses secrets.

Reste la première catégorie de dogmes. Pouvons-nous nous faire de Dieu une idée positive juste, bien que non complète ? Oui, sans aucun doute, sinon le concept que nous nous ferions de Dieu ne différerait pas du concept ou plutôt du pseudo-concept que nous nous faisons du néant. Du néant nous nions tout et nous n'affirmons rien et il devrait en être de même de Dieu si aucun des attributs qui tombent sous notre pensée ne lui convenait. On répliquera peut-être : « Nous ne disons pas seulement : Dieu n'est pas intelligent ; à ces mots nous ajoutons ceux-ci : Dieu est plus qu'intelligent. » Vaine subtilité ; car, après tout, ce correctif exprime une idée positive ou une idée négative. Dans le premier cas il est donc vrai que nous pouvons nous faire de Dieu une idée positive juste ; dans le second en quoi la phrase ajoutée pourra-t-elle distinguer l'idée de Dieu de l'idée du néant, puisque l'idée du néant est faite de toutes les négations ?

Les pragmatistes peuvent espérer un autre échappatoire : du point de vue spéculatif impossible de distinguer l'idée de Dieu de l'idée du néant ; mais il y a encore le point de vue pratique. L'idée du néant nie tout, même l'action. L'idée de Dieu, au contraire, entraîne l'idée des actes que nous devons poser pour lui. S'il ne nous est pas donné d'affirmer ce qu'il est, rien ne nous empêche de dire quels hommages il mérite. Telle serait la différeuce. Différence bien chimérique ; car, si nous ne savons pas de Dieu ce qu'il est ni même s'il est, par quel criterium déterminerons-nous quels doivent être nos rapports à son égard ? Au reste quel sens attache-t-on à ces mots : Dieu mérite nos hommages ? S'il s'agit là de mériter à la façon des créatures, nous voici dans l'anthropomorphisme ; sinon, le mot *mériter* n'a ici pour nous aucun sens et nous retombons dans l'agnosticisme.

La véritable solution de l'énigme se trouve dans saint Thomas. « Les noms que nous donnons à Dieu, dit le Docteur angélique (1), s'appliquent proprement à Dieu, si l'on envisage la chose signifiée. » Dieu est vraiment juste, bon, puissant, libre. Mais entre notre manière de signifier les perfections divines et ces perfections elles-mêmes il y a un désaccord que nous ne pouvons supprimer. Les mots, en effet, ont un sens précis et défini, ils expriment chacun une portion de réalité. Les perfections divines au contraire n'ont pas de limites ; elles se compénètrent les unes les autres ou plutôt sont toutes confondues dans l'unité d'un même tout. Comme pour juger de la vérité d'une proposition nous considérons non la manière de signifier, mais la chose signifiée, il s'ensuit que nous avons le droit de nous exprimer sur Dieu comme nous le faisons. Si,

(1) *S. th.*, I, q. XIII, a. 3 ; *com. in sent.* I, d. 22, q. I, a. 2 ; *C. G.*, I, c. 30 ; *de Pot.*, q. VII, a. 5.

quand nous parlons de Dieu, nous prétendions dire que ses perfections sont entre elles dans le même rapport que les mots par lesquels nous les désignons, c'est-à-dire mutuellement distinctes, la manière de signifier deviendrait chose signifiée et il y aurait erreur. Mais telle n'est pas notre pensée (1).

Ces principes posés, il est facile de comprendre pourquoi saint Thomas affirme que les noms négatifs conviennent mieux à Dieu que les noms positifs (2) et que, si on peut avec raison lui attribuer une perfection, on peut avec autant de raison la lui refuser (3).

Les noms négatifs conviennent mieux que les noms positifs, parce que, sous le double rapport de la chose signifiée et du mode de signifier, ils trouvent leur application. Il y a accord parfait entre le sens de cette phrase *Dieu n'est pas corporel* et ce que Dieu n'est pas.

On peut accorder ou refuser à Dieu les mêmes attributs, suivant qu'on envisage ou la chose signifiée ou la manière de signifier. Dites que Dieu est puissant, s'il vous plaît d'entendre par ce mot — c'est le sens habituel — la perfection qu'il exprime et rien de plus ; voulez-vous parler d'une puissance limitée, distincte dans la réalité divine des autres attributs, comme le concept qui lui correspond est distinct des autres concepts, dites que Dieu n'est pas puissant. Ce langage n'a rien qui puisse choquer.

Les idées que notre esprit se fait des attributs divins ont leur origine dans les idées que forme en nous la vue des qualités possédées par les créatures ; ou plutôt ce sont ces idées mêmes, mais épurées par l'abstraction et dégagées de tout ce qu'elles renferment d'imperfection. Nous trouvons ici-bas autour de nous la puissance, l'intelligence, la sainteté et la bonté ; mais cette puissance, cette intelligence, cette sainteté, cette bonté sont enfermées dans d'étroites limites. Il n'est pas de saint qui n'ait ses moments de défaillance, pas de savant qui

(1) *Saint Thomas, ib.*
(2) *S. th.*, I, q. XIII, a. 12, ad 1 ; com. in sent. 1, d. 22, q. I, a. 2, ad 1 ; *C. G.*, I, c. 14 ; *de Pot.*, q. VII, a. 5. ad 2.
(3) *C. G.*, I, c. 30 ; *de Pot.*, q. VIII, a. 5, ad 2.

n'ignore ou ne se trompe, pas de puissant qui ne se
sente faible devant certains obstacles, pas de cœur
généreux qui ne connaisse des moments d'aigreur.
Nous prenons la sainteté sans défaillance, la science
sans ignorance et sans erreur, la puissance sans faiblesse, la bonté sans aigreur ; et nous disons : Dieu est
saint, intelligent, puissant et bon (1).

Ces concepts, tels que je les applique au Créateur,
sont composés d'un mélange de positif et de négatif.
Le positif, je l'ai trouvé dans les créatures ; le négatif,
je l'ai produit moi-même en excluant les limites des
perfections créées. Pour que le concept que je forme de
Dieu soit vrai, il faut que Dieu le réalise tout entier,
c'est-à-dire qu'il possède réellement les perfections que
je constate dans les créatures et qu'il les possède à un
degré infini. Il suit de là qu'il existe entre les perfections
créées et les perfections incréées une similitude mêlée
de dissimilitude. Il y a similitude puisque par sa partie
positive mon concept correspond à la fois aux perfections des créatures et aux perfections du Créateur ; il
y a dissimilitude, puisque les unes sont finies et les autres
infinies (2). Voilà pourquoi saint Thomas enseigne que
les termes communs par lesquels nous désignons une
perfection divine et une perfection humaine ont entre
eux un rapport d'analogie. Ces termes ne sont ni équi-
voques, car ils s'appliquent à des perfections semblables,
ni univoques, car ces ressemblances sont mêlées de dis-
semblances (3). Toute analogie implique similitude
vraie ; et quiconque se refuse à reconnaître que les
créatures par certaines de leurs perfections — celles
qu'on peut, grâce au pouvoir d'abstraction, obtenir
pures de tout alliage — ressemblent réellement et posi-
tivement aux perfections du Créateur, s'enlève le
droit de parler d'analogie. Ce mot, s'ils l'emploient, ne

____

(1) *S. th.*, I, q. XIII, a. 3 ; *de Pot.*, q. VII, a. 5 ; Com. in sent. I,
d. 4, q. I, a, 1 ; 1, d. 22, q. I, a. 2 ; *C. G.*, I, c. 30.
(2) *C. g.*, l. I, c. 29
(3) *S. th.* I, q. XIII, a. 3 ; *C. g.*, l. I, c. 32, 33, 34 ; *de Pot.*, q. VII,
a. 7 ; opusc. 2, c. 27.

sera dans leur bouche qu'un mot vide de sens. Ils aboutissent logiquement à l'agnosticisme ; bien mieux leur concept de l'Etre suprême est aussi vide, aussi creux que le concept du néant (1).

(1) Sur cette question on peat consulter avec profit l'opuscule de Sertillanges et l'article que le même auteur a fait paraître sur ce sujet dans la *Revue de philosophie* (1906, t. VIII, p. 129). Inutile de dire que nous ne partageons pas toutes les idées de ce profond philosophe et que nous le trouvons parfois trop nébuleux, comme lorsqu'il écrit (*Revue de philosophie, loc. cit.*, p. 136) : « Il faut donc dire que certains, du moins parmi les noms appliqués à Dieu, ont un sens positif se référant à la substance divine, sans préjuger, d'ailleurs, si la positivité dont on parle, et qui est relative à l'objectivité telle quelle du concept que nous exprimons, ne tournera pas au négatif quand il s'agira de qualifier, non plus cette objectivité elle-même, mais la valeur de définition qu'elle implique. « Cette distinction est capitale, ajoute l'abbé Sertillanges, et, bien comprise, met fin au conflit. » Soit ; mais le difficile est de la bien comprendre. M. Sertillanges lui-même l'a-t-il bien comprise ? Elle cache, semble-t-il, une contradiction flagrante. Allez donc concevoir sous un mot un sens positif vu du côté de l'objet qu'il représente, et négatif vu du côté de la valeur de définition que l'objet exprime ! Ces deux prétendus points de vue n'en font qu'un, puisque la définition elle-même représente l'objet.

CHAPITRE II

Évolution des dogmes.

L'importance donnée dans le cours du xixe siècle à l'étude de l'histoire religieuse a fait surgir des questions qui jusque-là ne se posaient pas ou du moins préoccupaient fort peu les esprits. De toutes ces questions la plus importante peut-être est celle de l'évolution des dogmes. Les dogmes se transforment-ils ou demeurent-ils constamment identiques à eux-mêmes ? Des libres penseurs ont voulu nous montrer comment les dogmes naissent et meurent ; pouvons-nous, sans porter atteinte à la pureté de la foi, accepter leurs conclusions ?

Pour couper court à tout malentendu, distinguons tout d'abord les différents aspects sous lesquels on peut envisager l'évolution des dogmes. Autre chose est la vérité dogmatique et autre chose la connaissance que nous en avons ; il y a entre ces deux points de vue toute la différence de l'objectif au subjectif. Par le mot *dogme* nous entendons désigner d'ordinaire la vérité dogmatique : en ce sens la résurrection de Jésus-Christ, l'infaillibilité du Pape, l'efficacité surnaturelle des sacrements sont des dogmes. Ces dogmes, Dieu nous les a révélés pour que nous les vivions. Or vivre c'est croire, parler, agir. De là quatre manières d'entendre l'évolution des dogmes, suivant qu'on envisage leur objet, leur connaissance et les formules ou les pratiques qui les expriment.

Jusqu'à la fin de l'ère apostolique le dépôt des dogmes s'est accru grâce à des révélations successives. « Dieu ayant parlé autrefois à nos pères en diverses occasions et en diverses manières par les prophètes, dit l'auteur de l'épître aux Hébreux (1), nous a parlé tout nouvellement par son propre Fils. »

Dieu donna au premier homme une science infuse, qui fut certainement très étendue au point de vue surnaturel. Livré à ses propres lumières, Adam n'aurait jamais rien su de la mort, du démon, du Rédempteur, de Marie et des suites terribles que devait entraîner sa désobéissance au commandement divin.

Abraham, Isaac et Jacob reçurent de Dieu la promesse que le Messie naîtrait de leur race. Les patriarches connurent au moins un sacrement, la circoncision.

La révélation mosaïque eut un double objet : la loi morale et le culte.

Dieu donna aux prophètes une connaissance plus nette et plus étendue de l'ordre surnaturel ; les livres poétiques et prophétiques mentionnent clairement la survivance de l'âme, et précisent les circonstances de la vie du Sauveur.

La révélation chrétienne l'emporte, et de beaucoup, sur la révélation judaïque. Dans l'Ancien Testament Dieu s'est servi d'un intermédiaire, les anges ; dans le Nouveau Testament, il descend lui-même sur terre et revêt un corps comme le nôtre pour nous instruire. Dieu ne souleva en faveur de la nation juive qu'un tout petit coin du voile qui cache les régions mystérieuses de l'ordre surnaturel ; il laissa dans l'ombre le mystère de la Trinité et la divinité du Messie. Combien notre science est plus vaste et plus profonde ! Dieu traite les Juifs en esclaves : sur le Sinaï le tonnerre gronde, les éclairs sillonnent la nue ; il tient son peuple à l'écart et menace des pires châtiments quiconque osera s'approcher. Jésus-Christ vit avec ses disciples comme un père avec ses enfants ou plutôt comme un frère avec ses frères. La révélation patriarcale s'adressait à une famille, la révélation mosaïque à un peuple, la révélation chrétienne au monde tout entier. « Allez, enseignez toutes les nations, dit le Sauveur à ses Apôtres ; bapti-

---

(1) Multifariam multisque modis olim Deus loquens patribus in Prophetis, novissime diebus istis locutus est nobis in Filio. » *Heb.*, I, 1.

sez-les, au nom du Père et du Fils et du Saint-Esprit (1). »

Les Apôtres recueillirent la parole du Maître et la transmirent à leur tour. Jusqu'à eux le dépôt de la révélation s'était constamment accru. La fin de l'ère apostolique marque un arrêt et un arrêt définitif. Désormais l'Eglise, gardienne de la divine parole, repoussera toute doctrine nouvelle et rejettera de son sein les novateurs. Ses règles de foi seront toujours les mêmes, l'Ecriture et la Tradition. Envisagé du point de vue non de la connaissance que nous en avons, mais de l'objet connu, le dogme n'évolue pas. Il est fixe et immuable comme du reste toute vérité.

Il est à peine besoin de faire ressortir ce qu'a d'arbitraire, d'absurde même cette affirmation que toute vérité est relative. Relative à qui et à quoi ? Deux et deux font quatre ; un corps plongé dans un liquide perd de son poids le poids du liquide qu'il déplace ; Louis XIV est mort en 1715. Voilà trois vérités incontestables et incontestées. Qu'on me dise en quoi consiste leur relativité ? Y aura-t-il un temps, un lieu où on aura raison de les nier ? Trouvera-t-on un homme dont l'intelligence soit conformée de telle sorte qu'il sera dans le vrai en croyant que Louis XIV est mort en 1716 ? Ce serait insensé de le prétendre. La vérité d'aujourd'hui sera la vérité de demain ; ce qui est vérité pour l'Europe est vérité pour l'Amérique et réciproquement. S'il y a désaccord entre les affirmations de deux personnes, c'est que l'une se trompe ou peut-être toutes les deux. Deux pensées en désaccord ne peuvent s'accorder l'une et l'autre avec leur objet, puisque deux pensées sont dites en désaccord justement parce que l'une affirme ce que l'autre nie d'un même objet. Et qu'importent que ces deux pensées se posent le même jour ou à des milliers d'années d'intervalle, émanent de personnes vivant sous le même toit ou séparées par des milliers de kilomètres !

Toutefois, il faut le reconnaître, les vérités histori-

(1) « Euntes, docete omnes gentes, baptisantes eos in nomine Patris et Filii et Spiritus Sancti. » Matth., XXVIII, 19.

ques présentent une certaine relativité, la relativité du temps. Les faits sont futurs avant d'être présents et présents avant d'être passés. Cette proposition : Louis Philippe a été renversé de son trône n'a commencé à être vraie qu'en 1848; cette autre : Louis XVI sera guillotiné, a cessé d'être vraie le 21 janvier 1793. La vérité des faits passés exprimés au passé ne varie plus; il sera éternellement vrai que Corneille a composé *Polyeucte*. Aucune puissance humaine ou même divine ne fera, serait-ce dans mille ans, que les faits passés ne soient des faits passés. Quand l'attribut et le sujet sont unis par un lien nécessaire, que cette nécessité vienne de la nature des choses ou de la volonté de Dieu, les vérités sont indépendantes du temps. Aussi ne les énonce-t-on ni au passé ni au futur, mais au présent : leur présent ne cesse pas. On dit : Dieu est parfait, le Pape est infaillible, le baptême efface le péché originel.

Si l'on fait abstraction du rapport de temps marqué dans l'affirmation intérieure entre l'instant où l'on affirme et celui où on localise le fait affirmé, on peut dire que toute vérité est absolue et immuable. Par ces mots — *je travaille* — j'affirme que je pose à un moment donné un acte dont je détermine la nature. Quand je parlerai de ce même moment et de ce même acte je les lierai toujours par le même lien d'affirmation. Et si quelqu'un vient à me contredire il se trompera. Jamais il ne me sera permis de modifier ce lien. Sans doute je pourrai dire plus tard : *je me repose;* mais cette affirmation visera un autre moment de mon existence; l'objet ne sera plus le même; ce sera une seconde vérité distincte de la précédente; la première n'aura pas évolué.

Défions-nous de ceux qui nous disent d'un ton tranchant : la philosophie contemporaine a désormais démontré la relativité de la vérité. Reconnaissons volontiers — c'est l'évidence même — que le vrai pris subjectivement, à savoir la connaissance du vrai, varie : ce qui nous semble vrai un jour peut nous sembler douteux ou même faux le lendemain. Reconnaissons encore qu'un objet quelconque est toujours susceptible d'être mieux connu, c'est-à-dire que nous pouvons toujours formuler à son sujet au dedans de nous de nouvelles vérités. Voilà deux points incontestables admis des anciens aussi bien que des modernes. Il ne s'ensuit pas de là que la vérité soit relative. Quand Willebrod, étudiant les lois auxquelles était soumise la réfraction d'un rayon lumineux, découvrit que le sinus de l'angle d'incidence et le sinus de l'angle de réfraction étaient dans un rapport constant pour les mêmes milieux, quel que fût l'angle d'incidence, la vérité ne changea pas, car la nature resta en l'état où elle se trouvait précédemment. Il était vrai avant les expériences d'Ampère que deux courants électriques parallèles s'attirent s'ils sont de même sens et se repoussent s'ils sont de sens contraire.

Quel est donc le philosophe contemporain qui aurait démontré la relativité du vrai. Serait-ce Bergson ? Nullement. Bergson s'est contenté d'établir que beaucoup de conceptions jugées vraies par nous sont simplement utiles. De même Duhem, Poincaré et bien d'autres rejettent aujourd'hui au nombre des hypothèses scientifiques un grand nombre de propositions qui jusqu'ici étaient supposées formuler une vérité. Ils étendent le domaine de l'utile et rétrécissent celui du vrai ; ou plutôt ils laissent intacts les deux domaines et constatent qu'en bien des cas nous confondons l'un avec l'autre. « Vous vous trompiez, nous disent-ils, en appelant vrai ce qui n'est qu'utile. » Parler ainsi, est-ce laisser entendre que toute vérité est relative ?

Les évolutionnistes ne cessent de répéter encore : le changement est la loi de la vie ; une doctrine qui n'évolue pas est destinée à s'éteindre ; l'esprit humain progressant toujours, la vérité doit progresser avec lui. Ces principes sont vrais dans une certaine mesure, mais on en exagère la portée. Il est faux que la vie soit nécessairement solidaire du changement : la plénitude de la vie se concilie en Dieu avec une parfaite immutabilité. Il est faux que l'évolution de l'esprit humain entraîne l'évolution de la vérité elle-même. Qui oserait prétendre que l'évolution de l'histoire demande

un changement dans les faits historiques ? Fera-t-elle
jamais que Napoléon aura été de haute taille durant sa
vie ou que Pasteur ne se sera pas signalé par de grandes
découvertes scientifiques ?

Le passé échappe à nos prises ; nous ne pouvons pas
le détruire ; il ne vit plus ; voilà pourquoi il n'évolue
pas. Quant au futur, il ne vit pas encore ; comment
évoluerait-il ? Le présent se fait, et ce qui se fait se
fait d'une seule manière ; où y aurait-il variation ? Que
la vérité ait pour objet le passé, le présent ou l'avenir,
on ne voit pas comment elle se modifierait Tout ce qui
vit ici-bas évolue ; soit ; mais la vérité ne vit pas ; ce
qui vit, c'est l'esprit par lequel elle est conçue.

Puisque toute vérité est absolue et immuable, la
vérité dogmatique présente, elle aussi, ce caractère.
S'il est vrai aujourd'hui qu'Adam a enfreint le commandement divin au Paradis terrestre ou que Dieu
s'est incarné, ce sera encore vrai dans cent ans et au
delà et ce sera vrai exactement dans les conditions où
c'est vrai aujourd'hui. Non ; qu'on ne nous parle pas
de transformation objective des dogmes. L'Eglise unit
sa voix à celle du bon sens pour nous le défendre. L'ensemble des vérités que Jésus-Christ ou des créatures
privilégiées, éclairées par une lumière surnaturelle ou
visitées par des anges, ont, de la part de Dieu, révélées
à l'Eglise pour qu'elle en proposât la croyance aux
fidèles et en conservât fidèlement le dépôt, constitue
l'objet de la Révélation. La Révélation a pour objet un
corps de doctrine. Elle n'est ni une simple initiation à
un esprit nouveau, comme le croyait Renan (1), ni
une simple impulsion religieuse, comme l'enseignait
Loisy (2). Jésus-Christ n'est pas venu sur terre dans
le but exclusif de nous racheter. Avant de nous ouvrir
le ciel par l'effusion de son sang, il a voulu nous en
montrer la voie par ses exemples et nous en dévoiler
les mystères par ses enseignements. Fondateur d'une
religion, Jésus-Christ enseigna, parce qu'une religion

(1) *Vie de Jésus*, dernier chapitre.
(2) *Etudes évangéliques*, préface, p. XIII.

ne se conçoit pas sans un corps de doctrine. A chaque page de l'Evangile on parle de la doctrine de Jésus ; cette doctrine, Jésus l'exposait dans les synagogues et sur les places publiques, sur l'eau, sur les montagnes et dans les déserts. « Je suis venu dans le monde, dit-il, pour rendre témoignage à la vérité (1). » De là les titres de précepteur et de maître, que lui donnaient les pharisiens eux-mêmes. Il demandait qu'on croie en lui. Les uns l'écoutaient, d'autres restaient sceptiques. On l'interrogeait sur des points de dogme et de morale. Il envoie ses Apôtres dans le monde avec mission d'enseigner pour que le monde croie.

Toutefois leur éducation n'était pas assez parfaite. Avant de monter au ciel, Jésus leur promet le Saint-Esprit. « Le Paraclet que mon Père vous enverra en mon nom vous enseignera toute vérité (2). » L'Esprit-Saint vint, en effet, et donna aux Apôtres une compréhension plus profonde de ce que leur avait dit le Sauveur. Les Apôtres répètent aux premiers chrétiens la doctrine du Christ. C'est l'enseignement de Jésus et non le sien que saint Paul développe dans ses Epîtres. Il recommande à ses lecteurs de le conserver intact. « Gardez fidèlement les traditions que vous avez apprises soit de vive voix soit par notre lettre (3). » « Ne laissez pas perdre, dit-il à Timothée, parlant de sa doctrine, l'excellent dépôt qui vous a été confié (4). » Et ailleurs (5) : « Apprenez à des fidèles capables d'enseigner les autres la doctrine que je vous ai moi-même apprise devant plusieurs témoins. »

C'est donc une doctrine, la doctrine du Christ, que se transmettaient les premiers chrétiens. Les Pères des

______

(1) « Ego in hoc natus sum et ad hoc veni in mundum ut testimonium perhibeam veritati. » *Jo.*, XXIII, 37.

(2) « Paracletus autem Spiritus Sanctus, quem mittet Pater in nomine meo, ille vos docebit omnia. » *Joan.*, XIV, 26.

(3) « Tenete traditiones quas didicistis sive per sermonem sive per epistolam nostram. » *Thes.*, II, 14.

(4) « Formam habe sanorum verborum quæ a me audisti, in fide et in dilectione, in Christo Jesu. Bonum depositum custodi per Spiritum Sanctum qui habitat in nobis. » *Tim.*, I, 13-14.

(5) « Quæ a me audisti per multos testes, hæc commenda fidelibus hominibus, qui idonei erunt et alios docere. » *Tim.*, II, 2.

premiers siècles la reçurent et la transmirent à leur
tour. Leurs écrits sont pleins de cette idée que, pour
être vraie, une doctrine religieuse doit être conforme à
l'enseignement apostolique. Cette idée, ils la formulent et la mettent en pratique. Ils condamnent ceux
qui innovent, par le motif qu'ils innovent, et s'effor-
cent de montrer par de nombreuses citations qu'ils ne
s'écartent pas eux-mêmes de la foi de l'Eglise primitive. Ils considèrent tous la nouveauté d'une doctrine
comme signe de sa fausseté (1). La ligne de conduite
des Pères des premiers siècles fut de tout temps celle
de l'Eglise. Les Papes (2) et les conciles (3) basent
toujours leurs enseignements sur ceux de l'Ecriture et
des Pères. Au concile de Chalcédoine les évêques s'écriè-
rent d'une seule voix, après avoir écouté religieuse-
ment une lettre du Pape Léon : « Ainsi ont crŭ nos
Pères, ainsi ont cru les Apôtres, ainsi nous croyons
nous-mêmes (4). » Le second Concile de Nicée avait
également le culte de la tradition. « Nous suivons la
tradition de l'Eglise catholique ; nous n'y ajoutons rien.
Instruits par l'Apôtre, nous gardons les traditions que
nous avons reçues et nous admettons tout ce que la
sainte Eglise catholique a admis autrefois, écrit ou non
écrit (5). » Nous retrouvons la même doctrine dans le
quatrième Concile de Constantinople : « Nous faisons
profession de conserver et de garder les règles qui ont
été léguées à la sainte Eglise catholique et apostoli-

(1) Cf. saint Polycarpe (Ep. ad Phil, n. 7); saint Irénée (l. III, c. 4, § 2, et
c. 24 ; l. IV, c. 21, n. 3 et c. 33, n. 8 ; l. X, c. 2) ; Tertullien (*De
præscriptione*, c. VI et XXVIII ; adv. Marc., l. I, c. XXI) ; Origène
(*Periarchon*, préface), saint Epiphane (*Hœres.* 55); saint Vincent de
Lérins (*Commonitorium*, c. III). Je trouve ces textes et beaucoup
d'autres dans Franzelin (*Tractatus de divina Traditione et Scri-
ptura*, 3ᵉ éd., p. 67-80).
(2) Voir en particulier la Bulle *Ineffabilis*.
(3) Voir spécialement pour le concile de Trente les passages sui-
vants : ses. IV, de can. script. ; de edition. et usu Sacrorum Libro-
rum ; ses. V, de peccato originali ; de justif. procemium et cap. 8 ;
ses. VII, decr. de sacram. procemium ; ses. XIII, procemium ; ses. XVIII.
Voir pour le Concile du Vatican la Const. *Dei Filius*, procemium,
cap. I, fin.
(4) LABBE, *Sacrosanta Concilia* (éd. de 1671), t. IV, col. 367.
(5) LABBE, *op. cit.*, t. VII, col. 588.

que soit par les saints et très illustres Apôtres soit
par les conciles orthodoxes, généraux et particuliers,
et même par chacun des Pères et des Docteurs de
l'Eglise (1). » Pie IV et Pie IX insérèrent ce dogme
dans la profession de foi : « J'admets et j'embrasse
très fermement les traditions apostoliques et ecclésias-
tiques et toutes les autres observances et constitutions
de l'Eglise (2). » Le Concile de Trente déclare qu'il
se propose, par la condamnation des erreurs, de conserver la pureté de l'Evangile (3). Grégoire XVI se plaint
amèrement des inventeurs de systèmes, qui, « sous
l'empire d'un amour aveugle et effréné de nouveauté, » ne
se préoccupent « aucunement de trouver un point d'ap-
pui solide à la vérité, mais, méprisant les saintes et
apostoliques traditions », embrassent « d'autres doctrines
vaines, futiles, incertaines, condamnées par l'Eglise,
sur lesquelles, hommes très vains eux-mêmes, ils prétendent appuyer et asseoir la vérité (4). » « C'est un
spectacle lamentable, dit ailleurs le même Pontife (5),
que de voir jusqu'où vont les divagations de l'humaine raison, dès que l'on cède à l'esprit de nouveauté ; que, contrairement à l'avertissement de l'Apôtre, l'on prétend savoir plus qu'il ne faut savoir, et
que, se fiant trop à soi-même, l'on pense pouvoir
chercher la vérité hors de l'Eglise, en qui elle se
trouve sans l'ombre de la plus légère erreur. »

Sous Pie IX l'évolutionnisme fut enseigné ouverte-
ment par un prêtre, dont les opinions trouvèrent en
Allemagne trop favorable accueil. Le système de
Gunther est facile à résumer. D'après lui, le progrès du
dogme catholique est lié aux progrès de la raison
humaine ; il marche avec elle et du même pas. En se
perfectionnant le sens du dogme s'éloigne peu à peu du
sens primitif et, après une série de modifications accu-
mulées, finit par ne plus lui ressembler du tout. L'Eglise

(1) Labbe, t. VIII, col. 1126.
(2) Ib., t. VIII, col. 1126.
(3) «... ut, sublatis erroribus, puritas ipsa Evangelii in Ecclesia
conservetur. » Ses. VI.
(4) Encyclique *Singulari vos.*
(5) Ib.

ne nous donne que des définitions provisoires. « Acceptez l'interprétation que je vous propose, dit-elle aux fidèles, c'est la meilleure dans l'état présent des sciences ; plus tard je vous en donnerai une autre. » Et le sens qu'elle choisit est bien, en effet, le meilleur ; car Dieu l'assiste et l'empêche de se tromper ; mais ce ne sera pas le meilleur plus tard quand la raison aura fait un pas de plus dans le chemin de la vérité.

Pie IX lutta vigoureusement contre les évolutionnistes. Le 9 novembre 1846 il écrivait : « Ces ennemis de la Révélation divine exaltent le progrès humain et prétendent, avec une témérité et une audace vraiment sacrilèges, l'introduire dans la religion catholique, comme si cette religion n'était pas l'œuvre de Dieu, mais l'œuvre des hommes, une invention philosophique quelconque, susceptible de perfectionnements humains (1). » Il dénonça l'erreur de Gunther dans une lettre à l'archevêque de Cologne (15 juin 1857), dans une allocution consistoriale (9 juin 1862) et dans le *Syllabus*, où au nombre des propositions condamnées nous trouvons celle-ci : « La révélation divine est une révélation imparfaite, toujours en marche comme la raison humaine, vers une perfection plus grande (2). »

Le Concile du Vatican a également en vue en plusieurs passages l'erreur de Gunther. Il répète, après le Concile de Trente, en termes qu'on ne saurait désirer plus clairs, que la révélation surnaturelle est contenue tout entière dans les Livres Saints et dans les traditions orales nées de la parole du Christ ou de l'inspiration de l'Esprit-Saint, transmises par les Apôtres aux premiers chrétiens et communiquées d'âge en âge par une chaîne ininterrompue de témoignages aux membres actuels de l'Eglise (3). Aussi les dogmes révélés par

(1) Encyclique *Qui pluribus.*
(2) Prop 5. « Divina Revelatio est imperfecta et ideo subjecta continuo et indefinito progressui qui humanæ rationis progressioni respondeat. »
(3) Const. *Dei Filius,* ch. II. « Hæc porro supernaturalis Revelatio, secundum universalis Ecclesiæ fidem a sancta Tridentina Synodo declaratam, continetur in libris scriptis et sine scripto traditionibus, quæ, ipsius Christi ore ab Apostolis acceptæ, aut ab ipsis Apostolis, Spiritu Sancto dictante, quasi per manus traditæ, ad nos usque pervenerunt. »

Dieu sont-ils encore les dogmes d'aujourd'hui (1). « La doctrine de foi que Dieu a révélée, dit le Concile du Vatican après saint Vincent de Lérins (2), n'a pas été proposée aux intelligences comme une invention philosophique qu'elles eussent à perfectionner, mais elle a été confiée, comme un dépôt divin, à l'Epouse de Jésus-Christ pour être par elle fidèlement gardée et infailliblement interprétée. C'est pourquoi aussi le sens des dogmes doit être retenu, tel que notre sainte mère l'Eglise l'a une fois défini ; et il ne faut jamais s'écarter de ce sens sous le prétexte et le nom d'une plus parfaite intelligence. Que l'intelligence, que la science, que la sagesse croisse et progresse d'un mouvement vigoureux et intense, en chacun comme en tous, dans le fidèle comme dans toute l'Eglise, d'âge en âge, de siècle en siècle, mais seulement dans son genre, c'est-à-dire selon le même dogme, le même sens, la même acception. » Quiconque ne pense pas ainsi encourt l'anathème. « Si quelqu'un prétend que le sens des dogmes proposés par l'Eglise peut se modifier avec le progrès des sciences humaines, de façon à devenir autre que ne l'a compris et que ne le comprend encore l'Eglise, qu'il soit anathème (3) ».

Vis-à-vis du dépôt de la Révélation l'Eglise, par la voix du Concile du Vatican, ne revendique que la mission de le conserver intact et le privilège d'en expliquer infailliblement le contenu, avec l'assistance de l'Esprit-Saint ; elle se défend d'y rien ajouter et d'en rien retrancher (4). Les communications intimes que Dieu continue de faire à certaines âmes pieuses peuvent aider

______

(1) Conc. Vatic. *ib.*, ch. III. « Fide divina et catholica ea omnia credenda sunt quæ in verbo Dei continentur et ab Ecclesia sive solemni judicio, sive ordinario et universali magisterio, tanquam divinitus revelata credenda proponuntur. »

(2) *Ib.*, chap. IV.

(3) Const. *Dei Filius*, can. 4. « Si quis dixerit fieri posse ut dogmatibus ab Ecclesia propositis aliquando secundum progressum scientiæ sensus tribuendus sit alius ab eo quem intellexit et intelligit Ecclesia, anathema sit. »

(4) *Constit. De Ecclesia*, chap. IV. « Neque enim Petri successoribus Spiritus Sanctus promissus est, ut, eo revelante, novam doctrinam patefacerent, sed ut, eo assistente, traditam per Apostolos revelationem, seu fidei depositum sancte custodirent et fideliter exponerent. »

à mieux comprendre les dogmes et à répandre certaines dévotions ; elles ne deviendront jamais vérités de foi. Il serait excessif de prétendre que ces révélations ont un caractère strictement privé. En manifestant à Marguerite-Marie Alacoque les secrets de son divin Cœur, Jésus-Christ voulait les manifester au monde et propager dans toute l'Eglise le culte de son amour ; l'apparition de la Vierge de la médaille miraculeuse a développé la croyance à l'Immaculée-Conception et peut-être aussi hâté la définition de ce dogme. En tout cas, si les révélations privées peuvent être utiles aux dogmes, elles n'apportent pas de nouvelles vérités surnaturelles susceptibles d'être imposées à la croyance de l'Eglise universelle.

Après les déclarations formelles du Concile du Vatican, il semblait permis de croire qu'on ne verrait plus de catholique et surtout plus de prêtre relever le drapeau de l'évolutionnisme. Loisy fut ce prêtre catholique. « Les conceptions religieuses que l'Eglise présente comme dogmes révélés, écrit-il (1), ne sont pas des vérités tombées du ciel et gardées par la tradition religieuse dans la forme précise où ils ont paru d'abord. » L'évolution a commencé dans la conscience même de Jésus. Ayant pris peu à peu conscience de sa dignité de Messie, Jésus s'est annoncé comme tel. Il a cru et prédit que le royaume messianique, si longtemps attendu du peuple juif, était proche, et proposé la pénitence comme condition indispensable pour y entrer. La communauté chrétienne espérait un royaume terrestre. La mort de Jésus transforma cet espoir. Jésus régnera, mais dans le ciel, ou plutôt son règne a déjà commencé. On se persuada qu'il avait vaincu la mort et cette croyance en la résurrection augmenta le prestige que son nom exerçait sur les premiers chrétiens. « La communauté apostolique, écrit Loisy (2), a pris conscience d'elle-même, de son autonomie et de sa mission providentielle en s'affermissant dans la foi à la résurrection

(1) *L'Evangile et l'Eglise*, p. 158.
2) *Autour d'un petit livre*, p. 124.

du Christ et à sa présence au milieu des siens, à l'assistance permanente de son Esprit. » Saint Paul dessina les premiers linéaments de la christologie que l'Eglise a faite sienne. Il fait du Christ « non seulement l'agent médiateur du salut des hommes, mais l'agent intermédiaire de la création (1). » « L'abîme que la philosophie hellénique percevait entre Dieu et le monde se trouvait comblé par le Logos de Philon, cette personnification demi-abstraite, demi-réelle qui reliait le monde à Dieu. Paul assigne hardiment cette place au Christ (2). » « Saint Paul est le théologien de la croix, de la mort rédemptrice, il interprète visiblement, d'après sa théorie de l'expiation universelle, la scène commémorative de la mort (3). » Ce n'est pas Notre-Seigneur qui a dit à ses Apôtre : « Allez, enseignez toutes les nations » ; « ils ont été amenés graduellement à cette idée par la force des choses et par saint Paul. » Saint Paul lui-même a été poussé vers les païens parce que les Juifs refusaient de l'entendre. Sa doctrine générale « s'est élaborée au fur et à mesure que l'ont réclamé les circonstances » et elle se ressent de son éducation rabbinique (4).

La sagesse hellénique a eu également son influence sur le développement de la théologie chrétienne. « La théologie est sortie de l'élaboration doctrinale qui mit la foi primitive à portée de l'intelligence grecque, en utilisant au profit de la croyance les notions de la philosophie antique (5). » Par l'interprétation grecque du messianisme chrétien, le Christ devint « le Verbe fait chair, le révélateur de Dieu à l'humanité (6). » Ainsi peu à peu la doctrine de l'Eglise, contenue seulement en germe dans l'Evangile, alla se constituant et s'organisant. La divinité du Christ grandit dans la conscience chrétienne (7) ; les notions de hiérarchie, de primauté,

(1) *Autour d'un petit livre*, p. 125.
(2) *Id.*, p. 238.
(3) *Id.*, p. 172.
(4) *Id.*, p. 123.
(5) *Id.*, p. 212.
(6) *L'Evangile et l'Eglise*, p. 139.
(7) *Autour d'un petit livre*, p. 117.

d'infaillibilité, de sacrement se firent jour (1). « Simon Pierre... ne se doutait pas que son ministère était un pontificat supérieur à celui de Caïphe (2). » Les circonstances amenèrent ses successeurs à remplir les fonctions de Pontife suprême.

C'est grâce à cette évolution continue que l'Eglise a pu vivre. Si elle s'obstine, comme elle le fait aujourd'hui, á ne pas marcher de l'avant, elle sera bientôt amenée « à un affaiblissement incurable et à une ruine fatale (3) » ; elle mourra tuée par la science, car « il y a une sorte d'incompatibilité latente, et qui devient promptement consciente chez un très grand nombre d'individus, entre la connaissance générale de l'homme et du monde, qu'on acquiert aujourd'hui dans l'enseignement le plus commun, et celle qui encadre, on pourrait dire qui pénètre la doctrine catholique (4) ». Certes l'Eglise a beaucoup à réformer. « Les dogmes de la Trinité et de l'Incarnation sont fondés primitivement, en tant que doctrine de philosophie religieuse, sur l'idée de la transcendance divine. Cependant l'évolution de la philosophie moderne tend de plus en plus à l'idée du Dieu immanent qui n'a pas besoin d'intermédiaire pour agir dans le monde et dans l'homme. La connaissance actuelle de l'univers ne suggère-t-elle pas une critique de l'idée de création ? La connaissance de l'histoire ne suggère-t-elle pas une critique de l'idée de révélation ? La connaissance de l'homme moral ne suggère-t-elle pas une critique de l'idée de rédemption?... A moins de supposer que l'Eglise catholique ait perdu les dons de foi et d'intelligence qui lui ont permis de construire la religion des siècles passés, l'on est autorisé à croire qu'elle réussira à édifier la religion de l'avenir, en sauvegardant et en expliquant son principe fondamental, qui est la double révélation dans le monde et dans l'homme, la notion religieuse du Dieu vivant et celle du Christ Dieu (5). »

(1) *Autour d'un petit livre*, p. 17.
(2) *Id.*, p. 17.
(3) *L'Évangile et l'Eglise*, p. xxxv.
(4) *Autour d'un petit livre*, p. 209.
(5) *L'Évangile et l'Eglise*, p. 154.

La foi est le principe transformateur du dogme. On a trop longtemps considéré la foi comme une simple prise de possession par l'esprit des faits historico-religieux ou du sens caché sous un texte inspiré ou encore de vérités rigoureusement déduites d'un ancien symbole (1). La foi ne se contente pas d'enregistrer les faits religieux ; elle les interprète (2), guidée dans son interprétation du passé par l'expérience du présent (3). Elle « intervient comme une lumière dans ce qu'on pourrait appeler la philosophie morale des choses et les conditions morales de l'activité humaine (4) ». Son travail est un travail intellectuel « exécuté, pour ainsi dire, sous la pression du cœur, du sentiment religieux et moral, de la volonté réelle du bien et non sous la pression de l'histoire ou de la raison (5) ». « L'historien prend l'Evangile tel qu'il est et... s'efforce d'analyser le caractère et la signification originelle des textes » ; l'Eglise « sans avoir autrement égard aux limitations du sens primitif, tire de l'Evangile l'enseignement qui convient aux besoins des temps nouveaux. Le devoir de l'historien est de s'en tenir au sens primitif ; le droit de l'Eglise est de ne pas s'y enfermer (6) ». Historiens, nous nions que Jésus-Christ soit sorti du tombeau ; croyants, nous affirmons sa résurrection (7). Historiens, nous ne connaissons en Jésus-Christ d'autre nature que la nature humaine ; croyants, nous le proclamons Dieu (8). Philosophes, nous ignorons que Dieu existe ; croyants, nous posons son existence (9).

Malgré ses transformations successives le dogme reste un substantiellement, comme l'enseigne le Concile du Vatican. Son unité est celle de l'enfant, de l'homme mûr et du vieillard, de la chenille et du papillon, du

---

(1) *Autour d'un petit livre*, p. 65.
(2) *L'Evangile et l'Eglise*, p. 158.
(3) *Autour d'un petit livre*, p. 45.
(4) *Id.*, p. 214.
(5) *Id.*, p. 197.
(6) *Id.*, p. 143 ; cf. p. xxiii et 54.
(7) *Id.*, p. viii et 171.
(8) *Id.*, p. 117 et 215.
(9) *Id.*, p. 215.

gland et du chêne (1). Les dogmes, tels que nous les professons aujourd'hui, ont leur point d'attache dans l'Evangile; c'est ce qui les légitime. Ils sont la conséquence naturelle, fatale du mouvement que Jésus est venu imprimer au monde par l'annonce de son royaume. « L'Eglise fait suite à l'Evangile de Jésus; elle n'est pas formellement dans l'Evangile...; elle est l'Evangile continué et le royaume des cieux réalisé; toute l'institution ecclésiastique se justifie, à l'égard de la continuité historique, comme un développement du service de l'Evangile; ainsi l'Eglise était la suite légitime de l'Evangile (2). » « La Révélation n'est pas immuable en ce sens que ses symboles, une fois donnés, échapperaient à toute transformation, mais parce qu'elle demeure toujours par la foi substantiellement identique à elle-même et parce que les changements qui se produisent dans sa détermination extérieure et dans ses formules sont quelque chose de secondaire par rapport à l'unité de son esprit et à la continuité de son développement (3). »

Les dogmes ne proviennent ni d'une déviation, ni d'une déformation, ni d'infiltrations étrangères comme le prétendent les protestants libéraux. Ils sont réellement révélés, mais d'une révélation conséquente. Ils sont contenus dans la parole du Christ, non comme une conclusion est contenue dans les prémisses d'un syllogisme, mais comme les branches et les feuilles sont contenues dans un grain de sénévé, comme les membres de l'enfant et de l'homme fait sont contenus dans l'embryon.

Telle est, brièvement résumée, la théorie de Loisy. Si elle n'avait été comme un pont jeté entre le catholicisme et le protestantisme libéral, il est fort douteux qu'elle eût séduit, comme elle l'a fait, tant de jeunes intelligences. Tout évolutionniste doit nécessairement entreprendre un double travail : montrer que les dogmes ont

(1) *Autour d'un petit livre*, p. 17.
(2) *Id.*, p. XXVI et XXVII.
(3) *Id.*, p. 198.

évolué et déterminer le critère qui permettra de discerner l'évolution légitime des évolutions illégitimes ou des déviations. De ces deux tâches, quelle est celle qu'a bien remplie Loisy ?

Le dogme évolue, nous dit Loisy, parce que toute vérité évolue et que le dogme est vérité. « Il me semble évident, écrit-il (1), par la commune expérience que la vérité est en nous quelque chose de nécessairement conditionné, relatif, toujours perfectible et susceptible aussi de diminution.... Nos perceptions n'atteignent pas le fond de la réalité. Les notions l'épuisent encore moins. Ce sont les images décolorées d'impressions subjectives..., qui ne représentent adéquatement au sujet ni l'objet ni le sujet lui-même... La vérité en tant que bien de l'homme n'est pas plus immuable que l'homme lui-même. Elle évolue avec lui, en lui, par lui ; et cela ne l'empêche pas d'être la vérité pour lui ; elle ne l'est même qu'à cette condition. » Nous lisons ailleurs (2) : « L'immutabilité des dogmes n'est pas compatible avec la nature de l'esprit humain. Nos connaissances les plus certaines dans l'ordre de la nature et de la science sont toujours en mouvement, toujours perfectibles. »

Ainsi donc la vérité évolue, parce que la vérité étant quelque chose de l'homme n'est pas plus immuable que l'homme ; la vérité évolue, parce que toute connaissance évolue ; la vérité évolue, parce que chez nous elle est imparfaite et partant perfectible. — Non, la vérité objective n'est pas quelque chose de l'homme ; lors même que l'homme ne serait plus, la vérité objective resterait ce qu'elle est. La vérité objective s'impose à l'homme ; l'homme ne la fait pas ; il se sent lié par elle. Dépend-il de ses sens, de son intelligence, de son cœur, de sa volonté que l'air pèse ou que l'hydrogène soit liquéfiable dans certaines conditions ? Ne disons donc pas : la vérité change, car l'homme change.

Ne disons pas, non plus : la vérité évolue, car toute connaissance évolue. Avec de tels raisonnements on

<hr>

(1) *Autour d'un petit livre*, p. 911, 192.
(2) *L'Évangile et l'Église*, p. 210.

irait loin. Les sciences physiques subissent une certaine évolution ; est-ce à dire que les lois de la nature évoluent avec elles ? Les sciences mathématiques vont sans cesse se perfectionnant ; s'ensuit-il que le rapport d'égalité qui existe entre $2+2$ et 4 se perfectionne lui aussi ? Les sciences historiques font constamment des progrès ; quel progrès font les faits historiques ? L'objet des sciences reste immuable malgré la mutabilité des sciences ; de même la vérité dogmatique ne varie pas bien que la connaissance du dogme ne soit pas de tout temps la même.

Raisonner ainsi : la vérité est imparfaite, donc elle évolue, serait encore raisonner faux. Toute vérité est en son genre aussi parfaite qu'elle peut l'être. Je vois un point noir sur la route dans le lointain et je me dis : il y a un objet là-bas. J'approche ; le point noir grossit ; je perçois des mouvements ; mon affirmation de tout à l'heure se précise et devient : j'ai devant moi un être vivant. J'approche encore ; la forme de l'être vivant se dessine plus nettement : c'est un homme. Même après que j'ai formulé au dedans de moi cette troisième vérité la première n'a pas changé ; il reste toujours vrai qu'il y a un objet là-bas. A la première vérité sont venues s'adjoindre dans mon esprit deux autres vérités ; voilà tout. Ces deux autres vérités ont changé ma connaissance en la perfectionnant ; elles n'ont pas changé la vérité à laquelle elles s'ajoutent.

L'évolutionnisme de Loisy repose, on le voit, sur des fondements bien fragiles. Il a un autre grave défaut : il légitime toutes les évolutions et par suite toutes les hérésies. S'il y avait une évolution légitime, quelle serait-elle ? Comment la distinguer de celles qui ne le sont pas ? Les vrais dogmes sont, à un moment donné, dit Loisy, ceux que la foi pose en interprétant les faits religieux « sous la pression du cœur, du sentiment religieux et moral, de la volonté réelle du bien », conformément aux besoins du temps et à l'état de la science. Rien de plus changeant et de plus varié que les aspirations du cœur ; chaque peuple, chaque individu a les siennes. Si la vérité religieuse était ce qui leur correspond, il y aurait à la fois plusieurs dogmes contraires ou même contradictoires. Le sentiment religieux et moral est interprété en fait de plusieurs manières ; la question est justement de savoir quelle est la véritable interprétation. On trouve dans la religion catholique et chez toutes les sectes hérétiques et même chez les libres penseurs et les païens des individus animés d'une réelle et sincère volonté de faire le bien. Les besoins du temps ne sont pas les mêmes en tous lieux ; ils ne diminuent pas, que je croie ou ne croie pas au péché originel, à la vertu rédemptrice de la mort de Jésus, à la virginité et à l'Immaculée Conception de Marie. La plupart des questions résolues par la foi, en particulier toutes celles qui visent des faits dépendant de la libre volonté de Dieu, sont hors du domaine de la philosophie et des sciences. Demandez à un philosophe ou à un savant de vous dire si le baptême imprime un caractère ineffaçable, s'il n'y a que sept sacrements ; ils se déclareront incompétents.

Loisy reproche à l'Eglise catholique de ne pas mettre actuellement d'accord sa doctrine avec les sciences ; et voilà pourquoi il repousse ses dogmes. « La crise actuelle, dit-il (1), est née de l'opposition que les jeunes intelligences perçoivent entre l'esprit théologique et l'esprit scientifique, entre ce qui est présenté comme la vérité catholique et ce qui se présente de plus en plus comme la vérité de la science ; elle est née sur le terrain philosophique par l'insuffisance du dogmatisme ancien devant la connaissance actuelle de l'Univers ; elle est née sur le terrain religieux par l'obstination du dogmatisme présent à reconnaître l'évidence des faits et la légitimité de la méthode critique. » Ce n'est pas seulement au catholicisme d'aujourd'hui que Loisy devrait adresser ces reproches. De tous temps les catholiques ont eu sur divers points d'histoire ou de critique des opinions qu'on repoussait autour d'eux. Ils ont toujours cru à la réalité de la résurrection de Jésus-Christ, malgré les dénégations de leurs adversaires ; ils ont

(1) *Autour d'un petit livre,* p. 219.

toujours cru à l'inerrance de la Bible, à la divinité et au savoir infini de Jésus, à la transcendance des faits miraculeux, qu'ils jugeaient physiquement au-dessus des lois de la nature, à la conformité du sens scripturaire défini par l'Eglise avec le sens littéral du texte. De tous temps ils ont cru cela et de tous temps on leur a reproché de falsifier l'histoire et de faire de la mauvaise critique. Puisque les dogmes catholiques n'ont jamais été d'accord avec l'état prétendu de la science, pourquoi Loisy reconnaît-il la légitimité de l'évolution des dogmes, telle qu'elle se pratiquait autrefois, et dit-il que de nos jours cette évolution est devenue une déviation et déformation de l'Evangile ?

Loisy se plaît à comparer l'évolution des dogmes, telle qu'il la comprend, à l'évolution d'un germe. Cette comparaison peut rendre sa pensée ; elle ne rend certainement pas celle de l'Eglise catholique. Le germe vit et se développe en vertu de son activité propre. Le sens objectif de toute vérité — et tout dogme est vérité — est par lui-même quelque chose de mort et d'inerte. Le dogme vivifie ; il ne vit pas. Il ne s'assimile rien ; il est assimilé. Ce qui vit, ce qui s'assimile, c'est l'esprit dont il est l'aliment. C'est là une première différence. Il y en a d'autres. Le germe s'accroît aux dépens d'éléments étrangers. Le gland s'assimile les sucs qu'il trouve autour de lui dans le terrain où il a été jeté ; ces emprunts répétés lui permettent de grandir et de devenir chêne. Le dogme, lui, ne peut rien s'assimiler des productions de la raison. Il est ce qui est révélé et rien que cela ; si vous faites pénétrer au dedans de lui quelque chose qui émane de l'esprit de l'homme, ce quelque chose ne deviendra pas le dogme, car, il est bon de le répéter, n'est dogme que ce qui est révélé.

Ce n'est pas tout ; le germe est capable d'évoluer parce que, tout en ajoutant à sa substance ou en éliminant certains principes inutiles ou nuisibles ou en modifiant sa forme, il peut rester substantiellement lui-même. Toucher à une vérité, c'est en mettre une autre à sa place. Toute vérité est composée de trois éléments : le sujet, le prédicat et le lien d'affirmation ou de négation qui unit dans un même jugement le sujet et le prédicat ; et ces trois éléments lui sont essentiels. Là pas de parties intégrantes ou simplement accidentelles, comme dans un gland. Tout est nécessaire. Prenons, par exemple, la vérité exprimée par cette proposition : *la terre est ronde.* Impossible de la changer autrement qu'en remplaçant le sujet, le prédicat ou le lien d'affirmation. Ces changements effectués, nous aurons trois nouveaux jugements, *cette bille est ronde, la terre est pesante, la terre n'est pas ronde,* dont deux tout au plus seront vrais, mais d'une vérité tout à fait distincte de la vérité primitive. Les vérités n'évoluent pas, parce que l'évolution suppose l'identité de ce qui évolue et qu'en évoluant les vérités perdraient forcément leur identité.

Le dogme est vérité et, par suite, ne croît pas ; comparer sa croissance à celle d'un germe, c'est donc comparer ce qui n'est pas à ce qui est. Ce qui progresse, c'est la connaissance du dogme et non le dogme. Le soleil est tout entier dès qu'il commence à paraître ; ainsi le dogme. Le dogme ne se fait pas au fur et à mesure que notre intelligence le saisit plus parfaitement. Il est aujourd'hui ce qu'il était lorsqu'on discutait encore les points fondamentaux de notre religion, au temps des Arius, des Nestorius et des Eutichès. Seulement alors c'était la nuit ; maintenant c'est le jour ou du moins l'aurore. Les ténèbres se dissiperont encore et nous verrons de mieux en mieux le dogme qui se cache derrière elles, toujours semblable à lui-même, quoique non toujours aussi clairement aperçu.

Qu'on n'affirme donc pas, parlant du point de vue objectif, que la divinité de Notre-Seigneur est née du contact de la pensée juive et de la pensée hellénique et que ce dogme est la suite logique du sens accepté primitivement. La suite logique de quel sens ? Veut-on dire que le concept de Messie entrant dans l'esprit d'un grec, s'est transformé naturellement et est devenu le concept de Dieu ? Mais de deux choses l'une : ou le concept de Dieu est inclus dans celui de Messie ou il en est indépendant. Dans la première hypothèse le dogme objectif de la divinité de Jésus-Christ existait avant que la pensée juive ne rencontrât la pensée hellénique ; dans la seconde il n'y a pas eu évolution, mais infiltration ; les Grecs ont modifié, altéré, vicié l'idée de Messie en y introduisant ce qu'elle ne contenait pas. Où est ici la suite logique ? Et pourquoi n'y avait-il pas aussi bien suite logique dans le contact de la pensée chrétienne et de la pensée d'Eutychès ? Deux vérités se suivent logiquement quand l'une est la prémisse d'un syllogisme, dont l'autre est la conclusion. Hors ce cas il n'y a pas de consécution logique et ceux qui prétendent en voir seraient fort embarrassés si on leur demandait quelles sont les règles pour discerner les consécutions logiques de celles qui ne le sont pas. Le dogme naît uniquement de la Révélation et le contact de deux pensées différentes n'est pas une révélation.

Malgré ses hardiesses, ses lacunes, ses obscurités, ses contradictions et la faiblesse de ses preuves, l'évolutionnisme de Loisy trouva, même parmi les catholiques, de nombreux partisans. Pie X demanda au Saint-Office d'arrêter ses progrès. De là le décret *Lamentabili,* paru le 3 juillet 1907. En lisant les soixante-cinq propositions que condamna le saint-Office on lit l'énoncé, les principes et les applications de l'évolutionnisme. Loisy est là tout entier avec ses idées hétérodoxes sur l'autorité de l'Eglise, les Saintes Ecritures, la Révélation, les dogmes, Jésus-Christ, les sacrements, la constitution de l'Eglise, la nature de la vérité et l'attitude de l'Eglise vis-à-vis de la science.

Afin de mieux faire comprendre la fausseté et les dangers des erreurs modernistes, Pie X en fit une vaste synthèse dans son encyclique *Pascendi Dominici gregis.* Aux évolutionnistes il adresse ces dures mais justes paroles : « Aveugles et conducteurs d'aveugles qui, enflés d'une science orgueilleuse, en sont venus à cette folie de pervertir l'éternelle notion de la vérité, en même temps que la véritable nature du sentiment religieux (1)... Du commencement à la fin n'est-ce pas

______

(1) Encyclique *Pascendi Dominici gregis,* édition des *Questions actuelles,* p. 19.

l'*a priori* ? Sans contredit et un *a priori* où l'hérésie foisonne. Ces hommes-là nous font véritablement compassion : d'eux l'Apôtre disait : Ils se sont évanouis dans leurs pensées ;... se disant sages ils sont tombés en démence ».

On aurait tort de croire que ces reproches atteignent Newman et ses disciples (1). Newman admet l'immutabilité des vérités dogmatiques. L'originalité de son système consiste en ce que la Révélation se serait faite non seulement, comme on le croit d'ordinaire, par l'enseignement d'une doctrine, mais encore par l'introduction d'une pratique. Peu à peu en réfléchissant sur ses actions, sur sa vie, l'Eglise en a dégagé les dogmes. Certains sacrements ne se renouvellent pas ; voilà un fait. Pourquoi ? Parce qu'ils impriment un caractère ineffaçable ; voilà la doctrine. La doctrine, on le voit, se dégage du fait, qui la postule. De la pratique sacramentelle il serait facile d'extraire bien d'autres explications dogmatiques. Marie a été sentie toute pure et toute sainte avant d'être déclarée exempte de toute tache. Nous expérimentons la bonté de Dieu avant de dire : Dieu est bon. L'expérience religieuse a la priorité sur la foi explicite ; nous ne connaissons les dogmes qu'après les avoir vécus.

Appliquée à tous les dogmes, cette thèse serait certainement exagérée ; nous savons, en effet, par l'Ecriture Sainte et la Tradition que Notre-Seigneur a fait plus qu'imposer des pratiques ; il a enseigné une doctrine. Certains dogmes par conséquent ont été du premier coup explicitement connus. Faut-il admettre à côté de ces dogmes et de ceux qu'on en déduit une seconde catégorie de dogmes, révélés non sous forme de doctrine, mais sous forme de pratique et dégagés plus tard de cette pratique ? Bien que la foi ne nous défende pas de répondre affirmativement, cette solution semble insoutenable ; car affirmer d'un dogme qu'il a été vécu

___

(1) L'*Essai sur le développement de la doctrine chrétienne* et le quinzième des *University Sermons*, lu à Oxford le 2 février 1843, donnent les idées de Newman sur l'évolution des dogmes.

avant d'être cru, c'est s'engager à démontrer : en premier lieu que la pratique a précédé la croyance, en second lieu que cette croyance résulte logiquement de cette pratique Or, d'un côté comme de l'autre, les preuves données seront fragiles. Les sacrements remontent à Notre-Seigneur ; mais qui donc se jugera capable de soutenir que Notre-Seigneur n'en a pas expliqué le sens avant d'en imposer la pratique ? Qu'il y ait dans la doctrine sacramentelle aujourd'hui définie par l'Eglise bien des points dont les Apôtres n'avaient pas une connaissance claire et distincte, c'est possible, probable même ; mais il ne suit pas de là que ces points accessoires aient été déduits de la pratique sacramentelle. Il est de beaucoup plus vraisemblable qu'on les a appris en raisonnant sur les vérités de foi explicitement révélées. La vie, la pratique, l'action ne sont que d'une façon vague, obscure, l'indice des croyances ; elles sont loin d'avoir la précision du langage et de la pensée ; dès lors comment pourrait-on les traduire en croyances claires et précises ?

Prenons comme exemple le culte que nous rendons au divin Sauveur et essayons de voir s'il serait possible d'en inférer le dogme de la divinité du Christ. Nous honorons Jésus, nous le prions, nous l'invoquons, nous le fêtons, nous exposons ses images, nous inclinons la tête quand on prononce son nom, nous rappelons par des cérémonies liturgiques tous les mystères de sa vie, nous conservons avec un soin jaloux les instruments de son supplice. Mais de tout cela que conclure si on ne prouve pas — et la preuve est impossible — que de leur nature ces honneurs ne conviennent qu'à Dieu ? On ajoutera peut-être : non seulement nous invoquons Jésus-Christ, mais nous l'invoquons comme Dieu. Soit ; mais ici la croyance précède la pratique ; nous n'invoquerions pas Jésus-Christ comme Dieu si nous n'avions au préalable la certitude de sa divinité. De même, si l'on excepte les pratiques qui présupposent elles-mêmes la croyance explicite à l'Immaculée Conception, comme l'invocation de Marie conçue sans péché ou l'établissement de confréries en l'honneur de Marie Immaculée, le dogme de l'Immaculée Conception ne peut se déduire du culte rendu dans l'Eglise à la Mère de Dieu et l'on chercherait vainement dans la Bulle de Pie IX une déduction de ce genre. Si notre croyance au caractère ineffaçable de certains sacrements était basée uniquement sur l'usage de l'Eglise s'abstenant de les renouveler, son fondement serait bien fragile ; à ce compte-là, il faudrait également parler de caractère ineffaçable à propos de la tonsure ou de la collation du titre doctoral, que l'Eglise ne renouvelle pas.

On a dit encore que nous sentions, que nous expérimentions en nous la sainteté de Marie et la bonté de Dieu avant de formuler intérieurement ces propositions : Marie est sainte, Dieu est bon. Il n'y a rien de vrai en cela. Qu'est-ce que cette prétendue sensation? Il est évident que la sainteté de Marie et la bonté de Dieu ne se voient pas avec les yeux du corps, ne s'entendent pas, ne se touchent pas, n'affectent ni le palais ni les narines : il est évident encore que par ma conscience j'entre en rapport avec mes actes et avec mes actes seulement. De quelle sensation veut-on donc parler ? Croire à un sens religieux qui nous mettrait directement en rapport avec les êtres de l'ordre surnaturel, c'est une rêverie. La sainteté de Marie, je la déduis de sa dignité ; la bonté de Dieu, je la connais par ses effets. Des deux côtés j'ai recours au raisonnement et non à l'expérience pure et simple des vérités que j'affirme. Newman est le type de ces mystiques à imagination vive et à sentiment intense qui croient avec tant de force qu'ils se figurent voir ou sentir l'objet de leur croyance. L'engouement qui se manifeste aujourd'hui pour ses idées ne sera pas de longue durée. Son système passera, comme tant d'autres. C'est, a-t-on dit, le système de l'avenir ; non, ce sera bientôt l'un des systèmes du passé.

Si le sens des dogmes est immuable, parce que dogme et vérité révélée c'est tout un et que le sens d'une vérité révélée restera toujours ce qu'il était au moment de la révélation, la connaissance des dogmes est sujette à variation, parce que toute connaissance est un acte

vital et que rien de ce qui vit ici-bas ne reste dans le
même état. Nos notions n'épuisent pas la réalité ; elles
ne sont pas la représentation adéquate de l'objet: A une
connaissance superficielle succède une connaissance
approfondie, susceptible encore de progrès, et cela
indéfiniment. Nous avançons, nous reculons, jamais
nous ne restons en place. La vérité seule reste immuable.
Tout varie autour d'elle : la force de l'adhésion que nous
lui donnons, les preuves sur lesquelles nous l'appuyons,
la mesure avec laquelle nous la compénétrons. Les
dévotions des fidèles, les travaux des théologiens, les
décisions de l'Eglise concourent à cette évolution, dont
la direction dépend, à un moment donné, de l'état de
la dogmatique, de l'éclosion des hérésies, des attaques
de la libre pensée et du progrès des sciences profanes.

Sur les matières religieuses les catholiques pris indi-
viduellement peuvent passer par tous les états : le
douteux devient certain, le certain devient douteux ;
nous nions ce que nous avons affirmé, nous affirmons
ce que nous avons nié. Les définitions mêmes de l'Eglise
ne fixent pas irrévocablement nos idées ; car toute
définition demande à être expliquée et nos explications
ne sont pas toujours les vraies. N'a-t-on pas vu récem-
ment un catholique fervent et sincère rejeter l'interprétation traditionnelle des dogmes et lui en substituer une
de son choix?

Si l'on considère la connaissance du dogme non plus
dans les particuliers mais dans les catholiques pris
collectivement, c'est-à-dire dans l'Eglise, l'évolution se
fait dans des limites plus étroites. Jamais l'Eglise n'ad-
mettra comme vrai ce qu'elle aura précédemment
condamné comme faux ; jamais elle ne niera ce qu'aujourd'hui elle affirme. Elle est infaillible dans ses
croyances ; mais cette infaillibilité ne requiert pas
qu'elle ait eu dès le premier moment de son existence
la claire vue de tout ce qui était révélé. Sans doute les
premiers successeurs des Apôtres ont reçu le dépôt
intégral de la Révélation ; mais dans ce dépôt que de
points obscurs! que de vérités cachées dont la découverte a été et sera l'œuvre du temps et de la réflexion !

Que de conclusions, au début inaperçues, l'esprit humain n'a-t-il pas déduites, et ne déduira-t-il pas des enseignements du Christ ! Ce passage de l'obscur au clair, de l'implicite à l'explicite constitue un progrès, une évolution ; c'est en ce sens, et en ce sens seulement, qu'il y a lieu de parler d'évolution dans les dogmes.

TABLE DES MATIÈRES

1185-10. — Imp. des Orph.-App., F. Blétit, 40, rue La Fontaine, Paris-Auteuil.

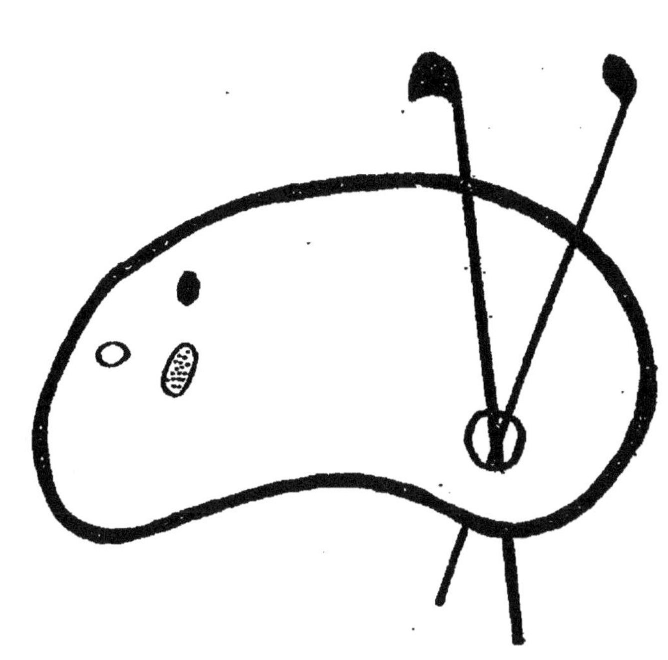

ORIGINAL EN COULEUR

NF Z 43-120-8